3.95

D1562353

STERNGLAUBE
UND STERNFORSCHUNG

Von

Prof. Dr. Ernst Zinner

Direktor der Remeis-Sternwarte in Bamberg

Mit 23 Abbildungen im Text
und 16 Tafeln

VERLAG KARL ALBER FREIBURG/MÜNCHEN

Alle Rechte vorbehalten · Printed in Germany

Gestaltung des Schutzumschlags: Ludwig Maria Beck

Druckerei von Herder & Co. GmbH., Freiburg im Breisgau 1953

VORWORT

Dieses Buch ist nicht eine Geschichte der Sternkunde, noch will es die Sterndeuter widerlegen oder
den Leser mit den Ergebnissen moderner astronomischer Forschung vertraut machen. Vielmehr ist
es ein Versuch, zu zeigen : wie der Mensch sich seit
Jahrtausenden von den Himmelsvorgängen, besonders aber von den Sternen angezogen fühlte; wie
er ihnen die Erkenntnis der Naturgesetze verdankte;
wie es möglich war, daß der Mensch die Naturvorgänge zu seinen Zwecken benützte, und wie er sich
benahm, als der Blick durchs Fernrohr ihn niegeahnte
Wunder schauen ließ; kurz gesagt: wie der Mensch auf
die himmlischen Einflüsse reagierte.

Der Verfasser

INHALTSVERZEICHNIS

Der Leser findet Hinweise auf Bilder des Buches, auf Rückweise und auf Erklärungen in runden Klammern () und Hinweise auf die Quellen in eckigen Klammern ⟨⟩, wobei zuerst die Nummer der Quelle im Schrifttum und dann Band und Seite angeführt sind.

VERZEICHNIS DER BILDER

VERZEICHNIS DER TAFELN

EINLEITUNG

T. E. Lawrence erzählt in seinem Buch „Aufstand in der Wüste" ein nächtliches Gespräch mit den Beduinen Arabiens im Jahre 1917:

Nasir lag auf dem Rücken und betrachtete durch mein Fernglas die Sterne; er nannte der Reihe nach alle bekannten Sternbilder und ließ jedesmal einen überraschten Ruf hören, wenn er ein neues Lichtpünktchen entdeckt hatte, das dem unbewaffneten Auge nicht sichtbar war. Auda kam auf Fernrohre zu sprechen — auf die ganz großen — und wie der Mensch seit seinem ersten Versuch vor 300 Jahren so weit fortgeschritten war, daß er jetzt Rohre baut, so hoch wie ein Zelt, durch die er Tausende von unbekannten Sternen entdecken könne. „Und die Sterne — was sind sie?" Und darauf sprachen wir von Sonnen und immer neuen Sonnenwelten dahinter, von Zeiten und Räumen jenseits jeder menschlichen Vorstellung. „Und was soll uns dieses Wissen nützen?" fragte Mohammed. „Wir werden immer weiter forschen und immer mehr erkennen. Und kluge Männer werden kommen und neue Fernrohre bauen, an Größe und Wirksamkeit die jetzigen um so viel übertreffend, wie unsere das Fernrohr Galileis; und trotzdem werden immer noch weitere Hunderte von Astronomen kommen und weitere Tausende von neuen ungekannten Sternen entdecken und sie aufzeichnen und jedem seinen Namen geben. Und wenn wir dann alles entdeckt haben, dann wird es keine Nacht mehr geben am Himmel."
„Warum wollt ihr Westländer immer alles wissen?" sagte Auda. „Wir können hinter unseren wenigen Sternen Gott sehen, der nicht hinter euren Millionen

ist." „Wir suchen das Ende der Welt, Auda." „Aber das ist Gottes", rief Zaal erschrocken und voller Unmut. Doch Mohammed wollte sich von dem Thema nicht abbringen lassen. „Und sind die größeren Welten auch von Menschen bewohnt?" fragte er. „Das weiß nur Gott." „Und haben sie auch ihren Propheten, ihren Himmel und ihre Hölle?" Auda schnitt ihm das Wort ab: „Ihr Brüder, wir kennen unser Land, unsere Kamele und unsere Frauen. Übermaß und Ehre stehen bei Gott. Wenn es das Ende der Weisheit ist, immer nur Stern auf Stern zu häufen, so läßt sich bei unserer Torheit wohl sein."

Was war das für ein Geist, der die Menschen antrieb, sich mit den Vorstellungen über Sonne, Mond und Sterne nicht zu begnügen, sondern ihre Eigentümlichkeiten zu erforschen und vor keiner Mühe haltzumachen? Wer trieb den Hipparch dazu, die Örter und Größe der Sterne zu messen und so ein gottwidriges Werk zu beginnen? Was trieb die Menschen an, weite Fahrten zu machen, um eine Sonnenfinsternis zu beobachten? War es nur die Neugier? War es ein göttliches Gebot? Können wir darüber Auskunft geben? Wir wollen es versuchen.

1.

Die Sonne erzieht den Menschen

Schon der Mensch der Steinzeit — als sich in Skandinavien die letzte Eiszeit zurückzog — wurde gewahr, daß es außerhalb seiner Welt eine andere, höhere gäbe, deren Wirken er nicht entgehen konnte, wenn er morgens seine Höhle verließ, wo er genächtigt hatte, wo er seine Jagdtiere auf die Wände gemalt und vor Bären- und Wisentknochen geopfert hatte — wenn er seine Höhle verließ, wo das Zeitlose herrschte, wurde er beim Heraustreten des Lebens gewahr, seiner Fülle und seines Wandels. Tiere und Pflanzen erweckten seine Gelüste oder seine Furcht. Der Gang der leuchtenden Gestirne der Sonne und des Mondes bot sich ihm als Zeitmarke an. Und gelegentlich erfüllte ihn ein großer Schrecken, wenn die leuchtende Sonne sich plötzlich verdunkelte, obwohl keine Wolke zu sehen war. Wenn die Verfinsterung so anwuchs, daß die Vögel zu singen und zu fliegen aufhörten und sich zur Ruhe setzten, wenn andere Tiere unruhig wurden ⟨337⟩, so erfaßte die Unruhe auch den Menschen. Je rascher die Dunkelheit zunahm und manche Tiere in eine Panik gerieten, um so mehr fürchtete sich der Mensch. Und wenn dann statt der Sonne nur noch ein leuchtender Ring am Himmel sichtbar war, so fühlte er ein Unheil herannahen. Vor Angst schrie er und atmete erst auf, wenn nach einiger Zeit die Sonne wieder zum Vorschein kam. Denn auch er merkte wie viele Tiere, daß es sich nicht um die gewöhnliche Helligkeitsabnahme — wie bei Sonnenuntergang — handelte, sondern um etwas Ordnungswidriges. Hier wurde sich der Mensch bewußt, daß er in einer Welt lebt, die durch eine Ordnung beherrscht wird. Ehe es so weit kam, verging viel Zeit. Die einen Menschen paßten sich wohl dem täglichen Wechsel von Tag und Nacht an, scheuten sich aber, den Blick zum Himmel zu richten und aus den Himmelsvorgängen zu lernen. Anderen Menschen ging die tägliche Wanderung der Sonne so in Fleisch und Blut über, daß sie aus dem Sonnenstand die Tagesstunde angeben konnten. So erzählt Tania Blixen in ihrem Buch „Afrika, dunkellockende Welt" von den Kikuju-Negern bei Nairobi, wie sie zum Zwölfuhrschlag der Kuckucksuhr herbeiströmten: „Das Erscheinen des Kuckucks war für die jugendlichen Bewohner der Farm jedesmal ein neues Vergnügen. Am Stand der Sonne schätzten sie genau ab, wann der Mittagsruf fällig war, und um Viertel vor zwölf konnte ich sie von allen Seiten auf das Haus zuströmen sehen, hinter sich einen Schwanz von Ziegen, die sie nicht zurückzulassen wagten ... die größeren waren zehn, die kleinsten zwei Jahre alt."

Einige Menschen benützten den Sonnenstand, um sich im Gelände zurechtzufinden, und erreichten dabei eine erstaunliche Genauigkeit ⟨153⟩. Auch die Bienen tun das gleiche, wie manche Forscher angeben ⟨85⟩.

Es gibt nur wenige Völker auf der Erde, die den Himmelskörpern keine Aufmerksamkeit schenken, und dies sind tiefstehende Völker. Manche Völker von Jägern und Fischern achten die Sonne gering; andere halten sie für ein Lebewesen und bringen sie in Verbindung mit dem Mond. Die Jahreszeiten werden wohl beachtet, aber kaum mit der Sonne verknüpft. Eine Ausnahme bilden die Eskimos und manche Indianer der Nordwestküste Nordamerikas, die bereits die Sonnwenden beobachten und einen Kalender haben ⟨274⟩.

In die Vorstellungswelt der seefahrenden Bewohner der Südseeinseln führt uns die Erzählung von Mauis Sieg über den Sonnengott Ra ⟨50, S. 32⟩: „Maui hatte den Sterblichen das Geheimnis des Feuers entdeckt, er hatte auch das Himmelsgewölbe erhöht; aber es gab noch eine dritte große Aufgabe, die bewältigt werden mußte. — Die Sonne nämlich war recht launisch und unzuverlässig. Sie ging an jedem Tage zu anderer Zeit unter, wann es ihr gerade beliebte, und es war unmöglich für die Menschen, sich danach zu richten. Oft, wenn sie noch mitten in ihrer Tagesarbeit waren — ein Ofen voller Speisen war noch nicht halb fertig gekocht, ein Bittgesang an die Götter noch nicht zu Ende gesungen —, dann wurden sie plötzlich von tiefster Dunkelheit umhüllt.

Maui beschloß, dieses große Übel zu bessern. — Nun aber ist Ra, d. h. die Sonne, ein lebendiges Wesen und von göttlicher Macht. Er ist von furchterregender Stärke und von Gestalt einem Manne ähnlich. Morgens und abends breitet er am Himmel seine goldenen Locken aus. — Buataranga riet ihrem Sohne Maui ernstlich, sich nicht mit Ra einzulassen; denn schon viele hätten sich bemüht, seinen Lauf zu regeln, aber es sei keinem gelungen. Doch sie konnte den kraftbewußten Maui von seinem Vorhaben nicht abbringen. Er hatte den festen Entschluß gefaßt, den Sonnengott Ra gefangenzunehmen und ihn zu zwingen, seinen Befehlen zu gehorchen.

Nun flocht Maui aus starker Kokosnußfaser sechs große und dicke Seile, jedes bestand aus vier Strängen. Diese mächtigen Stricke nannte er „Königsschlingen". Und als sie fertig waren, begab er sich damit nach jener fernen Öffnung der Erdoberfläche, durch welche Ra an jedem Morgen aus Avaïki am Himmel emporstieg, und dort legte er die erste Schlinge aus für den Sonnengott. Weiterhin auf der Sonnenbahn wurde die zweite Schlinge gelegt, und so wurden sie alle sechs in weiten Zwischenräumen auf dem gewohnten Wege Ras verteilt.

Sehr früh am Morgen erhob sich der nichts argwöhnende Ra aus Avaïki, um seine tägliche Reise durch den Himmel anzutreten. Maui lag versteckt auf der Lauer in der Nähe der ersten Schlinge, und frohlockend zog er daran. Aber sie glitt am Körper Ras herunter und fing nur seine Füße. Maui lief schnell voran nach der zweiten Schlinge, aber auch diese glitt ab und schloß sich nur noch um die Knie des Sonnengottes. Die dritte fing ihn an den Hüften, die vierte am Leibe und die fünfte unter den Armen. Noch immer stürmte Ra auf seinem Wege voran, Mauis Anschläge kaum beachtend. — Da — zum Glück für Mauis Vorhaben — hielt die sechste und letzte der Königsschlingen den Sonnengott Ra an seinem Halse fest. — Maui zog das Seil enger und enger, indessen Ra in furchtbarer Angst um seine Freiheit kämpfte. All seine Anstrengungen waren vergebens; denn Maui zog ihm die Schlinge so fest um den Hals, daß er fast erdrosselt wurde. Schließlich befestigte Maui das Seil an einem Felsvorsprunge.

Ra sah ein, daß er besiegt sei, und in der Angst um sein Leben gab er Maui freudig das Versprechen, in Zukunft bedächtiger und vernünftiger zu sein bei seinem täglichen Lauf durch die Himmel und den Menschen für ihre täglichen Geschäfte eine ausreichend lange Zeit zu geben."

Die ackerbautreibenden Völker sind seit jeher gewohnt, den täglichen und jährlichen Lauf der Sonne zu beobachten. Für sie ist die Sonne die große Gottheit, die Leben und Gedeihen bewirkt. Dieser Glaube war bei den Kulturvölkern, wie Ägyptern, Babyloniern und Chinesen, schon in einer Zeit verbreitet, aus der die ersten schriftlichen Zeugnisse stammen. Der chinesischen Urzeit gehört folgender kaiserliche Befehl an ⟨314, S. 56⟩: „Da befahl er den Hi und

4

Ho, ehrerbietig zu betrachten den Himmel, zu berechnen und darzustellen Sonne, Mond, Sterne und Sonnenorte, um so ehrfurchtsvoll den Menschen die Zeit zu geben.

Er sonderte aus Hi, den Mittleren, zu hausen in Yü I, das genannt wird das helle Tal, um ehrenvoll zu grüßen die aufsteigende Sonne und danach zu verteilen und zu ordnen die Arbeiten des Ostens (Frühlings). Der Tag hat mittlere Länge. Das Sternbild ist der Vogel.

Danach läßt sich genau feststellen die Mitte des Frühlings. Die Leute brechen auf, Vögel und Tiere brüten und begatten sich.

Er sonderte ferner aus Hi, den Dritten, zu hausen in Süd-Kiao, um zu verteilen und zu ordnen die Gestaltungen des Südens (Sommers) und ehrfurchtsvoll danach zu wirken. Der Tag ist am längsten, das Sternbild ist das Feuer. Danach läßt sich feststellen der Mittsommer. Die Leute sind zerstreut. Vögel und Tiere haben dünnes Haar und mausern sich.

Er sonderte aus Ho, den Mittleren, im Westen zu hausen, der genannt wird das dunkle Tal, um ehrenvoll zu geleiten die eingehende Sonne, um zu verteilen und zu ordnen die Vollendung des Westens (Herbstes). Die Nacht hat mittlere Länge. Das Sternbild ist das Loch. Danach läßt sich beobachten die Mitte des Herbstes. Die Leute sind froh und leicht. Vögel und Tiere befiedern und behaaren sich.

Er sonderte ferner aus Ho, den Dritten, zu hausen am nördlichen Ort, der genannt wird die finstere Stadt, um zu verteilen und zu beobachten die Wandlungen der Wiederkehr. Der Tag ist kurz. Der Stern ist der Morgenstern (Plejaden). Danach läßt sich feststellen der Mittwinter. Die Leute sind geborgen. Vögel und Tiere sind flaumig und dicht behaart."

Begrüßung des Sonnenaufganges

Wie das Leben nach der kühlen und dunklen Nacht aufwacht, das konnte einem aufmerksamen Menschen nicht verborgen bleiben. Die Tiere beginnen sich zu regen, zu singen oder zu schreien. Die Menschen beenden ihren Schlaf und gehen ihrer Beschäftigung nach. Die wärmespendende Sonne wird beachtet und begrüßt. Indianerinnen strecken ihre neugeborenen Kinder der Sonne entgegen. Bei den Navaho-Indianern müssen die jungen Mädchen, wenn sie geschlechtsreif geworden sind, einen riesigen Kuchen bereiten und während des Backens in vollem Schmuck der aufgehenden Sonne zu- und zurückrennen ⟨189 mit Bild⟩.

Allgemein üblich war die Begrüßung der aufgehenden Sonne. Wie die Griechen Sokrates und Dion, so begrüßten auch Chinesen, Japaner und indische Brahmanen die aufgehende Sonne. Der jüdische Geschichtsschreiber Josephus im 1. Jahrhundert n. Chr. berichtet, daß die Essener die Sonne auf eine eigentümliche Weise verehrten: „Bevor nämlich die Sonne aufgeht, sprechen sie kein unheiliges Wort, sondern richten an das Gestirn gewisse altertümliche Gebete, als wollten sie seinen Aufgang erflehen." ⟨147, S. 207.⟩ Die Verehrung der Sonne bedeutete eine große Gefahr für die jüdische und christliche Religion; wie der Prophet Hesekiel (8, Vers 16) um 592 v. Chr. die Juden in Jerusalem tadelte, die mit dem Rücken zum Eingang des Tempels die aufgehende Sonne verehrten, so rügte um 500 n. Chr. Papst Leo I. in einer Weihnachtspredigt die Unsitte der Christen, beim Sonnenaufgang die Sonne zu begrüßen und der Peterskirche den Rücken zuzuwenden. Noch im 20. Jahrhundert ehrten christliche Makedonier die aufgehende Sonne durch Verneigung und Sichbekreuzen; ebenso taten es christliche Eskimos. Und in

Siam stellen die Kha täglich „einen Korb voll Reis
in die Sonne, als eine Art verlegener Huldigung", indessen in Persien der Sonnenpriester die aufgehende
Sonne mit Blumen und einem wassergefüllten Becher
begrüßt. Die kurdischen Teufelsanbeter (Yesiden)
bei Mossul wenden sich zur aufgehenden Sonne, küs-
sen ihre Fingerspitzen und führen ihre Hände zur
Stirn ⟨157a⟩.

Am schönsten wurde die aufgehende Sonne in Ägypten verehrt (Bild 1). Pharao Amenophis IV. Echnaton
dichtete um 1375 v. Chr. den Lobgesang, den seine
Untertanen beim Sonnenaufgang sangen (Bild 2):

„Du erscheinst so schön am Horizont des Himmels,
Du lebendige Sonne, die mit Leben begann.
Du bist im östlichen Horizont und hast alle Lande
mit deiner Schönheit erfüllt.
Deine Strahlen umfassen die Länder bis zum Ende
alles dessen, was du geschaffen hast.
Du bändigst die Länder deinem geliebten Sohne,
König Echnaton. . . .
Im Morgengrauen leuchtest du auf
und glänzest als Sonne am Tage.
Die beiden Landesteile sind in Feststimmung.
Die Menschen erwachen und stellen sich auf ihre Füße.
Ihr Leib wird gewaschen, sie nehmen ihre Kleidung.
Ihre Arme erheben sich in Anbetung, weil du erschie-
nen bist.
Die ganze Welt tut ihre Arbeit.
Alles Vieh befriedigt sich an seinem Kraute.
Bäume und Kräuter grünen.
Die Vögel fliegen auf aus ihrem Neste.
Ihre Flügel erheben sich in Anbetung zu dir.
Alles Wild springt auf seinen Füßen.
Alles, was da auf- und niederflattert,
sie leben, nachdem du ihnen wieder aufgeleuchtet
    bist." ⟨130, S. 82.⟩

1. Pharao Echnaton opfert mit seiner Familie der Sonne

Im 15. und 14. vorchristlichen Jahrhundert schufen ägyptische Künstler Figuren der Toten in Anbetung der aufgehenden Sonne. Eine senkrechte Platte vor ihnen enthält einen Lobgesang. Die Figur stand in einer nach Osten offenen Nische der Grabstätte ⟨130, Bilder S. 67 und 83⟩.

Die Verehrung der Sonne wurde später von den Römern übernommen. Die römischen Kaiser ließen sich gern mit dem Strahlenkranz des Sonnengottes auf Münzen darstellen, und zwar bis zu Konstantin dem Großen. Julian der Abtrünnige versuchte sogar, die damals dem Christentum unterlegene Sonnenreligion wieder zur Staatsreligion zu machen. Dafür dichtete er einen Lobgesang an die Sonne, worin er ungefähr folgendes sagte: Wenn der Hahn, dem Morgengebet zuvorkommend, mit seinem Lobgesang den Sonnenaufgang vorausahnend begrüßt, offenbart er sich als Glied der Sonnenkette, und die Macht des von

8

2. Die Untertanen Echnatons beten die Sonne an

ihm angerufenen Gottes ist in ihm gleichsam gegen-
wärtig. Auf einer niederen Rangstufe antwortet das
Heliotrop dem Himmelsgesange des Gottes. Der un-
bezwingliche Sonnenkönig wird als Schöpfer und als
Lenker der göttlichen Harmonie der Sphären geprie-
sen ⟨17⟩.

Mit welchen Gedanken die Christen im Mittelalter
den Sonnenaufgang betrachteten, dafür folgende
Zeugnisse, und zwar zuerst um 900 n. Chr.:

„Noch ist Phoebus strahlend nicht erstanden,
Nur Aurora dämmert auf den Landen.
Wächter ruft den Faulen: aufgestanden!
Morgenrot auf Meeresdunst
Und hinter Berg und Nacht der Sonne heller Blick"
⟨298, S. 49⟩.

Des hl. Franziskus Sonnengesang, um 1224:

„Höchster, allmächtiger, guter Herr,
Dein sind das Lob, der Ruhm, die Ehr' und aller Segen.
Dir gehören sie, Höchster, allein.
Kein Mensch ist wert, dich zu nennen.

Gelobt seist du, mein Herr, samt all deinen Kindern
Und der Schwester Sonne besonders,
Denn am Tage zünd'st du für uns sie an.
Schön ist sie und strahlt in großem Glanze.
Von dir, o Höchster, bringt sie Kunde.

Gelobt seist du, mein Herr, für Bruder Mond und
Sterne!
Am Himmel hast du sie geformt, klar, köstlich und
hell." ⟨299, S. 30.⟩

Paul Gerhardt dichtete im Jahre 1666 über die
Sonne:

„Die güldne Sonne voll Freud und Wonne
bringt unsern Grenzen mit ihrem Glänzen
ein herzerquickendes, liebliches Licht.

Mein Haupt und Glieder, die lagen darnieder;
aber nun steh' ich, bin munter und fröhlich,
schaue den Himmel mit meinem Gesicht."

Auch Beschwörungen fanden bei Sonnenaufgang statt. So sandte Joh. Carion 1527 dem Herzog Albrecht von Preußen eine Vorschrift zur Befragung der Geister, indem man den rechten Daumennagel eines zwölfjährigen Knaben mit gutem Öl beschmiert, sein Angesicht gegen Aufgang der Sonne kehrt und eine Beschwörung ausspricht ⟨297, S. 142⟩. Bekannt ist die Beschwörung, die Keplers Mutter bei der Erkrankung ihres Sohnes vor Sonnenaufgang sprach ⟨329, S. 55⟩:

„Heiß mir Gott willkommen
Sonn' und Sonnentag,
Kommst daher geritten,
Da stehet ein Mensch, laß dich bitten,
Gott Vater, Sohn und Heiliger Geist,
Und die heilige Dreifaltigkeit,
Gebt diesem Menschen Blut und Fleisch,
Auch gute Gesundheit."

Beachtung der Himmelsrichtungen

Wenn der Mensch den täglichen Gang der Sonne am Himmel betrachtet: ihren Aufgang im Osten mit dem Erscheinen des Lichtes und der Wärme, die Zunahme ihrer Wärme, bis sie hoch im Süden steht, und die Abnahme bis zu ihrem Untergang im Westen, dann offenbarte sich ihm eine große Ordnung: das Aufwachen des Lebens im Osten, der Höhepunkt im Süden und das Verschwinden im Westen. Somit wurde ihm die Bedeutung der 3 wichtigen Himmelsrichtungen offenbar. Und als 4. Himmelsrichtung kam der Norden hinzu, die Gegend, wo die Sonne nie zu sehen war, dafür aber nachts Sterne, die nie verschwanden, also auch eine ausgezeichnete Gegend am Himmel und auf Erden. Leben und Tod, Lebensstärke und ewige Ruhe kam diesen 4 Himmelsrichtungen zu. Ein weiser Mensch richtete sich danach. Und so kam es zu der großartigen Beachtung der Himmelsrichtungen in Ägypten. Schon die Grabstätten wurden so angelegt, daß der Tote nach Osten, zur aufgehenden Sonne, schaute, indessen seine Angehörigen nach Westen zu, zum Eingang des Totenreiches, beteten. Die Himmelsrichtungen wurden besonders bei den großen Pyramiden, um das Jahr 2800 v. Chr., beachtet. Die große Pyramide des Cheops ist trotz ihrer Größe so genau nach dem Himmel gerichtet, daß ihre Kanten nur um 3′ von den Himmelsrichtungen abweichen ⟨31⟩. Die Pyramiden sind riesige Gräber und haben einen Zugang von Norden. Der großen Pyramide des Chefren ist vorgelagert nach Osten zu die riesige Figur des Sphinx, des liegenden Löwen mit dem Kopf des Pharao. Diese gleich alte Figur bildete das Taltor zur Begräbnisstätte des Pharao und war dem Sonnengott Re geweiht. Seitdem wurde die Sonnenreligion zur Staatsreligion. Der Pharao Ne-woser-re um 2700 v. Chr. errichtete in Abusir dem Sonnengott einen riesigen Tempel von 109 m Länge, dessen Torbau, Altar und Obelisk genau in einer Richtung von Ost nach West lagen. Südlich davon war das Sonnenschiff zu sehen, ebenfalls von Ost nach West gerichtet ⟨21⟩. Um diese Zeit wurde die Sonnenstadt (Heliopolis) gegründet, deren Priester bis zur Zeit Herodots großes Ansehen genossen. Später versuchte Amenophis IV. Echnaton die Sonnenreligion zur allein herrschenden Staatsreligion zu machen. Jedoch mißlang dieser Versuch. Andere Götter, besonders der Totengott Osiris, behaupteten sich neben dem Sonnengott. Als Sethos I. um 1300 v. Chr. einen Tempel gründete, ließ er die Weisheitsgöttin zum König sprechen:

„Der Schlegel in meiner Hand war aus Gold, als ich den Pflock mit ihm schlug, und du warst bei mir als Schnurspanner. Deine Hand hielt den Spaten beim Feststellen seiner Ecken gemäß den 4 Stützen des Himmels."

Viel später richtete man sich nach dem Großen Bären, dem Stierschenkel. So sprach der König im Jahre 237 v. Chr. bei der Grundsteinlegung des neuen Tempels zu Edfu:

„Ich fasse den Fluchtstab, packe das Ende des Schlegels und ergreife die Schnur zusammen mit der Weisheitsgöttin. Ich wende mein Gesicht nach dem Gang der Sterne. Ich richte meine Augen nach dem Sternbild des Stierschenkels. Der Sk-'h' w steht neben seinem Meßgerät. Ich lege die Ecken deines Tempels fest."

Ebenso geschah es um die Zeit des Augustus, als der Tempel in Dendera neu gebaut wurde. In beiden Fällen wurde anscheinend der Aufgang des mittleren Deichselsternes des Großen Bären oder Wagen beobachtet. Da dieser Aufgang östlich der Nordrichtung geschah, beträgt die Abweichung der Tempelachse 3,5° in Edfu und 8,5° in Dendera ⟨325, S. 28⟩.

Ähnlich war es bei anderen Völkern. Im Zweistromlande gab es Sonnentempel, wo Schamasch verehrt wurde. Jedoch war bei diesen Tempeln die Beachtung der Himmelsrichtungen nicht groß. Dagegen treffen wir noch jetzt in China eine strenge Beachtung der Himmelsrichtungen. Sie entstand aus der uralten chinesischen Anschauung, daß der chinesische Kaiser als Sohn des Himmels seine Macht vom Himmelsgott, der am Nordpol des Himmels thront, habe und als Vertreter Gottes nach Süden schauen müsse. Demgemäß schauen der Kaiser und seine Vertreter nach Süden, der Bittende aber nach Norden ⟨103⟩. Das führte in China

zu einer strengen Beachtung der Himmelsrichtungen,
die sich in der Anlage der Tempel und Staatsge-
bäude und sogar in der Anlage der wichtigsten
Straßen wie in Peking äußerte. Diese Sitte war so
streng, daß sogar buddhistische Tempel sich nach
Norden erstrecken, so daß die Gläubigen von Süden
kommend nach Norden fortschreitend zum großen
Tempel gelangen ⟨191⟩.

Am großartigsten äußert sich diese Beachtung
der Himmelsrichtungen im Opfergelände des Himmels in Peking. Hier liegen auf einer genau von
Süden nach Norden gehenden Straße der große
Rundtempel und der runde Hügel, wo der Kaiser
die Opfer darbringt, besonders in der Nacht der
Winterwende. Gegenüber dieser Feier spielen die
Opfer nach Ost und West eine geringere Rolle.
Offenbar ist dies sehr alt und dürfte schon im 3. vorchristlichen Jahrhundert üblich gewesen sein. Die
Beachtung der Nordrichtung scheint sich von China
allmählich über Nordasien nach Nordeuropa ver-
breitet zu haben ⟨324, S. 25⟩.

In Indien herrschte um Christi Geburt eine strenge
Beachtung der Himmelsrichtungen. Ihre Bedeutung läßt sich so beschreiben:

„Wenn der Altar nicht genau in der vorgeschrie-
benen Gestalt gebaut ist, wenn eine Kante nicht
rechtwinklig zur anderen steht, wenn in der Auf-
stellung nach den Himmelsrichtungen ein Fehler
stattfand, so nimmt die Gottheit das ihr darge-
brachte Opfer nicht an — ein dem Inder schreck-
licher Gedanke, da für ihn jedes Opfer ein förmlicher
Vertrag mit der betreffenden Gottheit, eine Art von
Tauschgeschäft ist und er somit auf Erfüllung seines
beim Opfer gehegten Wunsches sich nicht die ge-
ringste Rechnung machen kann, sofern seine Gabe
verschmäht würde" ⟨323, S. 172⟩.

Zahlreich waren Kosmogramme, d. h. Figuren mit

den vier oder acht Himmelsrichtungen, in China, Tibet und Mexiko (Bild 3).

Grabrichtungen

Wie wir schon bemerkten, war die Beachtung der Himmelsrichtung nur gelegentlich sehr genau; meistens begnügte man sich mit einer Annäherung. Noch mehr war dies der Fall bei den Gräbern. Die christlichen Friedhöfe waren meistens so angelegt, daß der Tote in der Richtung West—Ost liegt und nach Ost schaut. Dies kam in Europa häufig auch in der Bronze- und Eisenzeit, also vor der Einführung des Christentums, vor. Jedoch gibt es nicht wenige Gräber, wo der Tote nach Süden sieht und sein Körper in der Richtung Nord—Süd liegt. In Afrika wird der Tote

3. Altmexikanisches Kosmogramm

im Sudan und bei Dakar in der Richtung Süd—Nord beerdigt, aber mit dem Gesicht nach Ost gewendet. Darin dürfte sich alter ägyptischer Einfluß äußern; denn die Leichen der Pharaonen lagen in der Richtung Süd—Nord und hatten einen schrägen Ausgang nach Norden, damit die Seele zu den ewigen Sternen am Nordpol des Himmels flöge. Seit der 6. Dynastie wurde aber der Ausgang nach Osten verlegt, damit der Tote morgens die aufgehende Sonne sähe. Auch in Südarabien dürfte es ägyptischer Einfluß gewesen sein, daß der viereckige Tempel in Hugga aus dem 3. vorchristlichen Jahrtausend nach den Himmelsrichtungen zeigt und den Eingang von Osten hat.

Tiefstehende Völker beachteten bei ihren Gräbern die Himmelsrichtungen nicht, höchstens legen sie den Toten so, daß er nach seiner Heimat sieht.

Sonnengott

Die Sonne wurde häufig als Sonnengott gedacht, gelegentlich auch als Sonnengöttin, so in Südarabien, wo es den Tempel Dhāt Ba'dān um Christi Geburt gab, und in Japan, wo der Tempel der Sonnengöttin Amaterasu seit dem Jahre 4 v. Chr. in Verehrung steht (Bild 4). Geopfert wurden der Sonne Rosse von den Massageten, wie Herodot berichtet. Wohl zu diesem Zweck wurde in Apollonia eine Schafherde gehalten, die der Sonne heilig war, wie wiederum Herodot berichtete, der auch zu erzählen wußte, daß vor einem Tor von Karthago ein „Tisch der Sonne" stand, wo gebratenes Fleisch für jedermann auslag.

Manche Völker hatten mehrere Gebetszeiten. So folgte die Gebetsrichtung der Manichäer dem Lauf der Sonne. Die Sabier in Harran verehrten die Sonne bei Sonnenaufgang, mittags und beim Untergang. Ihre Gebetssitten waren sehr umständlich. Das Morgengebet fand vor Sonnenaufgang beim Pfahl des Ostens statt und bestand aus acht Verbeugungen,

1. Aztekischer Opferstein mit Abbild der Sonne, der 4 Ursonnen
und Himmelsrichtungen und der 20 Monatstage

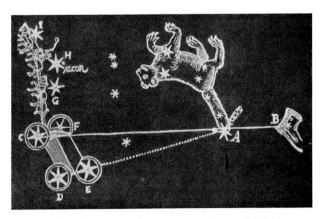

2. Kleiner Bär und Großer Bär als Wagen mit Pferden
und Reiterlein

Japanische
Mondgöttin Gwaten
mit dem Hasen im
Mond

wobei der Gläubige jedesmal sich dreimal zur Erde wirft. Das Gebet beginnt eine halbe Stunde vor Sonnenaufgang und endet beim Sonnenaufgang selbst. Das zweite Gebet beim Pfahl der Mitte des Himmels fing an, wenn die Sonne begonnen hatte, abwärts zu wandern, und bestand aus fünf Verbeugungen mit je dreimaligem Niederwerfen, und ähnlich war das Gebet am Pfahl des Westens, das mit Sonnenuntergang endete ⟨44⟩.

Auch in Amerika wurde die Sonne als Gott verehrt (Bild 5). In Mexiko wurden im 1. nachchristlichen Jahrhundert die großen Pyramiden der Sonne und des Mondes bei Teotuhuacan gebaut. Auch bei den Azteken und Maya nach 1000 n. Chr. hielt die Sonnenverehrung an. Ihr wurden Menschen zum Opfer gebracht ⟨49, S. 29⟩.

In Südamerika entstanden um 600 n. Chr. die großen Bauten bei Tiahuanaco. Das unvollendete Sonnentor zeigt an mehreren Stellen den Sonnengott. Später haben die Inkas in Cuzco einen großen Tempel

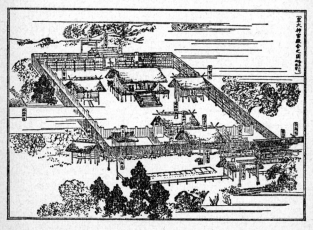

4. Tempel der japanischen Sonnengöttin zu Ise

gebaut und neben die goldene Sonnenscheibe Sinnbilder von Mond und Sternen aufgestellt. Beim
Sonnenfest ließ der Inka als „Sohn der Sonne" diese
Sinnbilder auf eine Ebene östlich der Hauptstadt
bringen, wo sie auf Felsen gesetzt wurden. Der Inka
Pachacutic (1438—71) ließ steinerne Säulen zur
Messung des Sonnenstandes aufstellen. Allerdings
wurde die Zeit der Nachtgleichen und Sonnwenden
nicht beachtet, sondern die Zeit der Saat bestimmt
⟨57, S. 94⟩.

Abzeichen der Sonne

Bereits in der Steinzeit wurde die Sonne als Scheibe
zwischen den Hörnern eines Widders gezeichnet ⟨86,
S. 118⟩. Auch der Stier wurde als Eigentum des
Sonnengottes dargestellt. Später galten bei den Ägyptern der Falke und bei den Azteken der Jaguar als
Tiere der Sonne. In der Bronzezeit, also im 2. vorchristlichen Jahrtausend wurde die Sonne im europäischen Norden als große Scheibe dargestellt, die bei
Festen auf einem Wagen herumgefahren wurde.
Der Tempel des Sonnengottes zu Sippar zeigte im
1. vorchristlichen Jahrtausend vor der Götterfigur
eine große Scheibe mit vierstrahligem Stern, senk-
recht auf einem Schemel stehend und von oben gehalten ⟨141, S. 81⟩. Ähnlich verhielt es sich wohl auch
mit der goldenen Sonnenscheibe im Tempel zu Cuzco
und mit dem großen steinernen Opferstein der Azteken (Tafel I, 1). Sie zeigt in der Mitte den Sonnengott, umgeben von den Göttern der vier Ursonnen.

Nicht selten sind die Abzeichen der Sonne, wie das
mehrspeichige Rad, die Scheibe, das Hakenkreuz.
Das Hakenkreuz zeigt die Bewegung der Sonne an.
Diese tägliche Bewegung von links nach rechts galt
als mitsonnig und günstig. Deshalb finden die drei-
maligen Umritte um die Kirchen an den Tagen der
heiligen Georg, Leonhard und Stefan im Sinne der

5. Altperuanischer Sonnengott mit seinen Verehrern

Sonnenwanderung statt. Die entgegengesetzte Bewegung galt als unheilvoll. Darüber berichten friesische Sagen ⟨320, S. 176⟩:

„Einst hatte ein junges Mädchen bei einer alten
Hexe Unterricht im Hexen genommen und konnte
schon Mäuse ohne Schwanz machen. Da kam der
Pastor dahinter. Er ließ das Mädchen dreimal betend
mit der Sonne um den Kirchhof gehen, und damit
war das Hexen aus.

Ein strenger Vater hatte eine kleine Tochter, die

jeden Abend vor dem Schlafengehen ihr Gebet hersagen mußte. Eines Abends aber betete sie ein ganz
anderes Gebet, und als der Vater danach fragte, wo
sie das gelernt habe, antwortete sie: ‚Die und die
hat es mich gelehrt, und wenn ich es sechs Wochen
lang bete und dann mit einer schwarzen Henne im
Arm dreimal gegen die Sonne um die Kirche gehe,
dann kann ich alles, was ich will.‘ Der Vater übergab
das Kind dem Pastor, der es vornahm, und in drei
Wochen brachte er es dahin, daß es wieder recht
betete.“

Dem Sonnenaufgang am Ostermorgen kam eine
besondere Bedeutung zu. So erzählte der Magde-
burger Pastor Georg Rollenhagen, der Verfasser der
bekannten Satire „Der Froschmäuseler“, die von
1595 an viele Auflagen erlebte, folgendes:

„Ich finde in einigen Postillen, der Mensch solle
sich recht des Osterfestes freuen; denn auch die herr-
liche, schöne Sonne am Himmel tut am ersten Oster-
tag früh, wenn sie eben aufgeht, und danach abends,
ehe sie untergeht, drei Freudensprünge. Nach den
Worten des 19. Psalms: ‚Er hat der Sonne eine Hütte an
ihnen gemacht, und sie geht heraus wie ein Bräutigam
aus seiner Kammer und freut sich wie ein Held, zu
laufen den Weg.‘ Darauf laufen beide, alt und jung,
früh morgens vor Sonnenaufgang und spät abends
vor Sonnenuntergang in großen Haufen ins Feld
hinaus und sehen zu, wie die Sonne tanzt. Wenn sie
nun sie so lange angesehen haben, daß ihnen blau
und braun, hell und dunkel vor den Augen wird, so
ruft einer hier, ein anderer dort: ‚Jetzt tut sie den
ersten, da bald den anderen und dann den dritten
Sprung.‘ Wer nun sagen wollte, er hätte es nicht gesehen, den würde man für blind oder für einen Gottes-
lästerer halten.“

Diese auch in England und Serbien nachweisbare
Sitte verschwand später. Dafür behaupteten manche

Menschen, daß sie gesehen hätten, wie die Sonne sich drehe. Dies geschah in Fátima und Heroldsbach. Als Kinder in Heroldsbach in den Jahren 1949—50 derartiges sahen, war die Sonne nur durch dichte Schleierwolken sichtbar und bot Anlaß zu jeder Vision. Auch berichtete die Zeitung „Fränkischer Tag" am 11. September 1952: „Trotz der Warnung der katholischen Kirche pilgerten am Montag etwa 10 000 Menschen nach dem kleinen bergischen Ort Niederhabbach bei Lindlar, wo der 38jährige Vertriebene Karl Zianke seine zehnte Muttergottes-Erscheinung gehabt haben will. Die Voraussage Ziankes, daß die Muttergottes am Montag ein für alle sichtbares Zeichen geben werde, hat sich nicht erfüllt. Als die angebliche Vision Ziankes bereits vorbei war, grollte als Nachwirkung eines vorausgegangenen Gewitters plötzlich ein ferner Donner auf. Gleichzeitig drang die Sonne durch die niedere Wolkendecke. Obwohl das ein geläufiges Naturschauspiel darstellt, schrie plötzlich jemand: ‚Die Sonne dreht sich.' Tausende richteten ihren Blick gen Himmel. Die Menge durchbrach die Absperrung. ‚Sie dreht sich, sie rotiert . . .' Die Menge wird von der Psychose ergriffen: immer mehr wollen die voltierende Sonnenbewegung gesehen haben. Und als schließlich am Nordhimmel sich gelbe Flecken abzeichneten, war ‚das Wunder' für die Menge fertig."

Sonnenuhr

Die Beachtung des täglichen Sonnenlaufes führte zur Erfindung der Sonnenuhr. Dies geschah zuerst mit senkrechten Stäben (Gnomon) oder mit Obelisken, die wohl schon im dritten vorchristlichen Jahrtausend dafür verwendet wurden; denn die Bestimmung der Tageszeit durch Beobachtung der Schattenrichtung an Häusern und Felsen ist vielen Völkern bekannt. Diese Tageseinteilung ließ schon im Altertum reizvolle Sonnenuhren, wie die Büchsensonnenuhren der römischen Kaiserzeit, entstehen. Als am Ende des Mittelalters die Sonnenuhr mit dem Polstab erfunden wurde, hatte dies auch die Herstellung kunstvoller Sonnenuhren zur Folge. Und so führte die Beachtung des Sonnenlaufes zum Entstehen eines wichtigen Gewerbes und zu einfallsreichen mathematischen Überlegungen.

Die Tagesstunde wurde auch mit Bergspitzen bestimmt. Daß die Richtung nach Süden besonders beachtet wurde, ist verständlich. Es gibt in Europa nicht wenige Berge, die Mittagsspitze oder Pic du Midi heißen. Auch zur Stundenangabe wurden in den Alpen gern Bergspitzen verwendet. So gibt es Neunerkogel, Elferkogel, Zwölferkogel usw. ⟨324, S. 19⟩. Zu diesen Zeitbergen dürfte auch der Berg Sonnenziel gehören, der bei Tennenbach im Schwarzwald liegt und bereits im Jahre 1178 Sunnencil genannt wurde. Der Name dürfte sich daraus erklären, daß der Berg vom Freiamt Kappenbach aus in der Richtung 61 Grad von Süd nach West liegt und das Ende der Gerichtsverhandlung andeutete, wenn die Sonne über diesem Berg stand. Gewöhnlich waren die Gerichtsstätten nach den Himmelsrichtungen angelegt. Ihre steinernen Bänke standen so, daß der Richter nach Osten, selten nach Westen sah und bei Sonnenaufgang die Verhandlung eröffnete, die vor Sonnenuntergang beendet sein mußte. Die Betonung der Ostrichtung zeigt sich auch in der Ortung des Braunschweiger Löwen, der von Heinrich dem Löwen so aufgestellt wurde, daß er als Zeichen der Herrschergewalt nach Osten schaut.

Städte der Sonne gab es bereits im Altertum. In Ägypten war es Heliopolis und in Syrien Baalbek mit dem riesigen Sonnentempel. Dagegen haben die vielen deutschen Orte, wie Sonneberg, Sonnenfeld usw., keine Beziehung zur Sonne. Hier dürfte es sich

6. Fahrt der Sonnenbarke am Körper der Himmelsgöttin Nut

wie bei den Orten mit Mond und Stern um zufäl-
lige Wortbildungen handeln.

Sonnenlauf

Wie kann die Sonne am Himmel entlanggleiten?
Diese Frage hat die Menschen seit Urzeiten bewegt.
Manche Völker stellen sich vor, daß ein Riese die
Sonne bis zur Mittagshöhe hinaufträgt, worauf ein
anderer sie nach West hinunterbringt. Bei den Ägyptern war schon früh die Vorstellung entwickelt, daß
die Sonne auf einem Kahn am Himmel oder an der
Himmelsgöttin Nut entlanggefahren wird (Bild 6),
worauf sie im Totenreich untertaucht, um neu geboren am nächsten Morgen wieder zu erscheinen.
Bilder dieser Himmelfahrt sind nicht selten; auch war
neben frühen Pyramiden das Sonnenschiff dargestellt.
An Stelle des Schiffes ist es bei Griechen und Römern
ein Gespann, das den Sonnengott mit seinem Streitwagen über den Himmel zieht — eine Vorstellung,
die auch den Germanen geläufig war.

Jahresteilung

Allgemein wurde angenommen, daß die Sonnenbahn einen breiten Streifen am Himmel einnimmt,
der am Horizont zwischen den Stellen des Aufganges
und Unterganges der Sonne zur Zeit der Sonnwenden
liegt. In diesem breiten Streifen vollzieht die Sonne
ihre tägliche Bahn, im Sommer länger und im Winter kürzer. Die Lage des Sonnenaufganges am Horizont wurde wichtig für die Einteilung des Jahres in
die Jahreszeiten, Monate und Tage. Der Ackerbauer
konnte aus dem Sonnenaufgange die Zeit der Saat
und Ernte ersehen. Dabei konnte ihm das erste Erscheinen heller Sterne in der Morgendämmerung von
Nutzen sein. In Ägypten war es das erste Erscheinen
des Sirius am Morgen, das die Nilschwelle und damit
den Beginn der Überschwemmung des Landes durch
den Nil anzeigte und die Bauern ermahnte, auf die
Überschwemmung achtzugeben. Andere helle Sterne
dienten anderen Völkern als Anzeiger jahreszeitlicher
Änderungen. Und so kam es, daß die Beachtung des
Aufganges der Sonne und des Frühaufganges heller
Sterne zur Einteilung des Jahres in Monate und
Tage benützt wurde. Der Blick zum Himmel lehrte die
Menschen, das Jahr und den Tag zu teilen und da-
mit die Grundlage für Ackerbau und Handel zu legen.
Zugleich war die Beachtung der Himmelsrichtungen
wichtig für die Feldmessung.

Mit der Einteilung des Jahres kam auch die Festlegung bestimmter Tage als Festtage. Die Zeit der
Sonnwenden wurde beachtet. Meistens war es die
Sommerwende, die mit Tanz bei nächtlichem Feuer
begangen wurde. Dies geschah auch auf Bergen wie
den Sonnwendbergen in den Alpen. Im frühen Mittelalter badeten viele Christen nachts oder morgens im
Meer oder in den Flüssen, was als heidnische Sitte
getadelt wurde. Lieder wurden gesungen und die Jo-

hannisminne getrunken, was noch lange üblich war.
Sehr selten wurde zur Winterwende ein Feuer ange-
zündet. Zur Winterwende brachte der Kaiser in
China ein Opfer dar, wovon die Nara-Feier des On-
matsuri in Japan wohl ein Abbild ist, zumal die Feier
in beiden Fällen mitternachts stattfindet ⟨77, S. 64⟩.
Um Christi Geburt feierte man in Alexandria am
25. Dezember, der Winterwende, das Fest des Sonnengottes als des „Unbesiegbaren Gottes" und am
6. Januar die Geburt des Aion, des Gottes der Zeit.
Diese Feste wurden später von der christlichen Kirche
umgedeutet und übernommen.

2.

Das Heer der Sterne

Mit dem Aufgang der Sonne verschwinden die
Sterne. Dieser Vorgang hat immer wieder griechische
Künstler gereizt. Bereits frühe Vasen zeigen den
Sonnengott ⟨30, Bild 18⟩ auf seinem Wagen mit dem
Viergespann und davor die Sterne, wie sie als Knaben
ins Meer stürzen, und noch weiter voran die Mondgöttin, die verschleiert in die dunkle Nacht verschwindet, verdrängt von Eos, dem Gott der Morgen-
röte. Die blendende Helligkeit der Sonne bot wenig
Gelegenheit, die Jahreszeiten zu unterscheiden. Dagegen ließ die Betrachtung des nächtlichen Himmels
und die allmähliche Verschiebung des Aufganges der
Sterne die Menschen zu den Sternen als Zeitmarken
greifen.

Das Heer der Sterne, ihr gleichmäßiges Kreisen
am Himmel in immer den gleichen Bahnen fiel von
alters her dem Menschen auf. Märchen wurden erfunden, um helle Sterne miteinander zu verbinden
oder um die kleine Sterngruppe der Gluckhenne oder
Plejaden zu erklären. Helle Sterne wurden durch Linien miteinander verbunden, und wenn diese Linien
an die Figuren von Tieren in den Felszeichnungen er-
innerten, so wurden die Sterne zu Sternbildern zusammengefaßt und nach solchen Tieren genannt. Dabei kamen zuerst solche Tiere in Betracht, die schon
als Tiere der Sonne oder des Mondes bekannt waren,
wie der Widder ⟨86, S. 118⟩, Stier und Kuh (Bild 7
und 8). Daneben gab es den Löwen (Bild 9), schon
durch den Sphinx und durch Bilder mit Löwen und
Stern in seiner Brust als göttlich gekennzeichnet, und

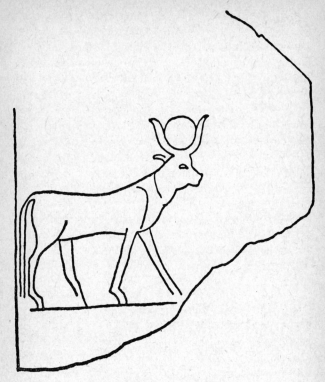

7. Stier mit Sonnenscheibe

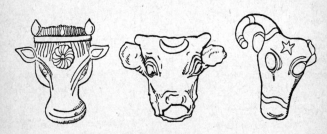

8. Stierkopf mit Sonne, Mond und Stern

im Norden den Bären, der bereits in der Steinzeit
durch Opfer geehrt wurde. Allmählich wurden auch
andere Sterne zu Sternbildern zusammengefaßt,
je nachdem es nötig war, am Himmel bestimmte Gegenden durch Sternbilder auszufüllen, sei es den
Tierkreis oder die Dekane oder den Kreis der Mondhäuser ⟨335⟩. Gestalten der griechischen, ägyptischen
und babylonischen Sagenwelt wurden an den Himmel
versetzt. So wurde die vom Meerungeheuer Cetus ver-
folgte Andromeda mit ihrem Retter Perseus und
ihren Eltern Cepheus und Cassiopeia verstirnt
(Bild 10). Gelegentlich war es höfischer Ehrgeiz, auch
Herrscher mit dem Himmel in Verbindung zu bringen. Ein kleiner Sternhaufen wurde Coma Berenikes
genannt, zur Erinnerung an die Locke, die Berenike
auf einen Altar legte, als ihr Gatte in den Krieg zog,
und ähnlich ein kleines Sternbild der Thron Cäsars,

9. Sternbild des Löwen mit Sternen und den Planeten Mond,
Merkur, Mars und Jupiter

10. Antiker Sternhimmel

wo der Komet verschwand, der nach der Leichen-
feier Cäsars aufleuchtete. Dies erinnert an die Fried-
richsehre, womit Bode, und an das Scutum Sobies-
cianum, womit Hevelius den nördlichen Himmel
schmückten.

Von den Ägyptern wurde besonders Sirius beachtet. Sein Frühaufgang zeigte das Nahen der Nilschwelle an. Die Zeit von seinem Frühaufgang bis
zum nächsten bildet das ägyptische Jahr, dessen

29

Länge sich leichter feststellen ließ als das Sonnenjahr.
Mit Sirius beginnt auch die Dekanreihe, d. h. die Auf-
einanderfolge von 36 Sternbildern oder Teilen von
Sternbildern, die den ganzen Himmel umspannen und
die Sonnenbahn darstellen. Sirius folgt auf Orion, das
bekannte Gestirn mit dem Jakobstab, dem Orionnebel und drei leuchtenden Sternen. Orion war bei
den Ägyptern dem Osiris geweiht, während Isis die
Göttin seiner Schwester Sothis (Sopdet-Sirius) war.
Es gibt alte ägyptische Lieder über diese beiden Gestirne (24, S. 209): „Ein Lobgesang an das himmlische
Sothisgestirn der Isis, der Herrin des Himmels und
der Königin der als Sterne aufgehenden Seelen der
Götter, welche strahlt am Himmel in der Nähe ihres
Bruders Osiris, indem sie immerwährend seinen Pfa-
den folgt." Sind Isis und Osiris die wichtigsten Dekane, so galt den Ägyptern das Siebengestirn des
Großen Bären (Vorderschenkel des Set oder Typhon)
als wichtigstes Gestirn am Nordhimmel und als Ver-
körperung des Nordpoles. Ein sehr alter ägyptischer
Text in den thebanischen Königsgräbern lautet
(24, S. 163): „Die vier nördlichen (Geister?), das sind
die vier Götter der Diener. Sie halten ab den Kampf
des Gräulichen (Typhon) am Himmel. Er ist ein großer Kämpfer. Sie umfassen das Vorderseil und ordnen das Hinterseil an dem Schiffe des Rā, in Gemein-
schaft mit den Matrosen, welche sind die nördlichen
Achemusek, vier Sternbilder. Das Mascheti-Gestirn
abgelöst, ist die Herberge für sie in der Mitte des
Himmels an der Seite südlich vom Sah-Orion, und sie
wenden sich nach dem westlichen Horizont. Betref-
fend das Mascheti-Gestirn, so ist dies der Vorderschenkel des Set (Typhon). Er befindet sich am nördlichen Himmel. Ein Strick ist an den beiden Pflöcken
und an den Messern in Gestalt einer bronzenen Kette.
Es ist das Amt der Isis in Nilpferdgestalt, dieselbe zu
hüten."

Als gütige Gottheit wird der Große Wagen oder Bär in China verehrt. An ihn wenden sich die Frauen, wenn sie mit Kindern gesegnet werden wollen. Die Brautkrone zeigt den Großen Wagen ⟨176, I, S. 161⟩ aus Perlen und Smaragden. Ein altes chinesisches Bild aus der Han-Zeit um Christi Geburt zeigt den Großen Wagen als Herrscher im Wagen mit huldigenden Geistern ⟨214, Abb. 19⟩.

In Deutschland gibt es die pommersche Sage ⟨214⟩: „Das Sternbild des Großen Bären nennt man den Dümkt. Das war ehemals ein böser Bauer, welcher stets mit der größten Grausamkeit gegen seine Leute und sein Vieh verfuhr, und deshalb ward er zur Strafe nach seinem Tode an den Himmel gesetzt.

So wild, wie er auch auf Erden gefahren ist, fährt er auch dort noch. Drei Pferde hat er vor seinem Wagen, und auf dem mittleren reitet er selbst. — Das ganze Gestirn geht aber so schief, als ob es jeden Augenblick umwerfen wollte." Dieser Hans Dümkt oder das Reiterlein ist auf einem Holzschnitt von 1532 zu sehen (Tafel I, 2).

Das andere Siebengestirn, die Plejaden, wurde von vielen Völkern beachtet und fand Aufnahme in ihre Sagenwelt. Über seine zeitweise Unsichtbarkeit weiß eine dänische Sage zu berichten ⟨214, S. 173⟩:

„Ein Mädchen hatte sieben uneheliche Kinder geboren. Ein Mann begegnete ihr und sprach: ‚Guten Tag, du mit deinen sieben Hurenbälgen!' Zur Strafe verwandelte ihn Gott in einen Kuckuck, die Kinder wurden als Engel in den Himmel gesetzt.

Solange der Kuckuck singt, sieht man des Sommers das Siebengestirn nicht."

Im Altertum gab es eine andere Ansicht über die Plejaden. Der Umstand, daß einer der 7 Sterne lichtschwach war und deshalb oft nicht gesehen wurde, verlangte eine Deutung. P. Ovidius Naso dichtete folgende Erklärung ⟨214, S. 145⟩:

„Ist vorüber die Nacht und beginnt sich der Himmel
zu röten,
Singen, vom Taue berührt, Vögel ihr klagendes Lied,
Leget beiseit nach durchwanderter Nacht die zur
Hälfte verbrannte
Fackel der Wanderer, und geht wieder der Bauer
ans Werk:
Dann hebt an der Plejaden Gestirn, zu entlasten
des Vaters
Schultern, ob sieben genannt, sechs doch gemeinig-
lich nur.
Sei's, weil ihrer nur sechs zu der Götter Umarmung
gelangten.
(Nämlich Alcyone ward neben Celeno vermählt
Dir, o Neptun, und Taygete fand mit Elektra und
Maja,
Jupiter, Liebe bei dir, Sterope aber bei Mars;
Aber die siebente ward einem Sterblichen, Sisyphus,
eigen,
Merope, welche beschämt drum sich den Blicken
entzieht.)
Sei's, daß Elektra den Schmerz ob der Trümmer
von Troja zu tragen
Nimmer vermag und die Hand über die Augen sich
legt."

Die Milchstraße scheint manche Sterne zu verbinden. Chinesische und japanische Sagen berichten
von Wega, der Weberin Tanabata, die durch die
Milchstraße verbunden ist mit ihrem Hirten, dem
Canopus, ihn aber nur einmal im Jahre sehen darf.
Daraus entstand das Tanabata-Fest (205, S. 569):
„Tanabata ist der Name einer Weberin, von der
die Sage behauptet, daß sie nach ihrer Vermählung
mit dem Hirten Hikoboshi in ihrem bisherigen Eifer,
für den Himmelsgott Kleider zu weben, nachgelassen
habe und zur Strafe an das andere Ende des Him-

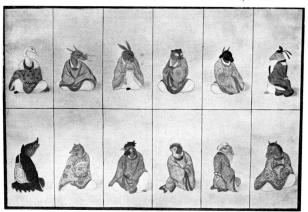

1. Japanische Tierfolge

2. Neujahrsblatt des Hundes

König Meli-Sipak II. mit seiner Tochter vor der Göttin Nana.
Darüber die Abzeichen der Planeten Venus, Mond und Sonne

melsflures versetzt worden sei. Nur an einem einzigen Tage im Jahre, am 7. Tage des 7. Monats, erlaubt ihnen der Gott, zusammen zu verweilen. Zur Feier des jährlichen Hochzeitsfestes werden vor den Häusern Bambussträucher aufgestellt."

Die Chinesen haben die Sterne ganz anders zu Sternbildern zusammengefaßt, als dies in Ägypten und Vorderasien geschah. Da der Himmelsgott am Nordpol herrscht, so sind die immer sichtbaren Sternbilder den kaiserlichen Ämtern gewidmet. Die anderen Sternbilder entsprechen Gegenständen der Gewerbe und des Ackerbaues.

Nut, die ägyptische Göttin der Nacht, wird schon in den ältesten Zeiten in einem Sternengewand abgebildet. So ist sie zu sehen an den Sarkophagen, wo neben der Göttin die Dekane und Sternbilder um den Nordpol dargestellt sind. Ägyptische Tempel der letzten Jahrhunderte v. Chr. zeigen den Himmel mit seinen Sternbildern auf ihrer Decke. Damals begannen die Griechen die Örter der Sterne zu messen. Es enstanden Himmelskugeln mit eingezeichneten Sternen und Sternbildern, und die Willkür in den Angaben über Sterne und Sternbilder wurde beseitigt. Die wissenschaftliche Bestimmung der Örter und Größen der Sterne fing an.

Nut war nicht die einzige Göttin, die im Sternenkleid dargestellt wurde. Auch anderen Göttern geschah gleiches. Und so kam es, daß die Herrscher als Vertreter der Götter sich mit einem Sternengewand schmückten oder ihren Krönungsmantel mit dem Tierkreis verzieren ließen. Diese Sitte übernahmen die römischen und später die byzantinischen Kaiser, und von da kam die Sitte zum christlichen Westeuropa. Von diesen Krönungsmänteln ist der berühmteste der Sternenmantel Kaiser Heinrichs. Er wurde für Heinrich II. geschaffen und zeigt neben christlichen Figuren viele antike Sternbilder ⟨333⟩.

Die Beobachtung der Sternaufgänge beschränkte sich mehr und mehr auf die Beobachtung des Sirius, dessen Frühaufgang für Ägypten so wichtig war. Nur astrologisch war der Aufgang der Sterne bedeutsam. Dagegen spielte auf dem Meer die Beobachtung des Sternaufganges immer eine große Rolle, besonders in den Gebieten nahe dem Äquator. So finden sich die Bewohner der Südseeinseln damit in ihrer Inselwelt sehr gut zurecht. Die beinahe senkrechten Bahnen der Sterne machen es leicht, sich die verschiedenen aufeinanderfolgenden Sterne der Sternbilder bei ihrem Aufgang einzuprägen und damit auf dem Meer auszukennen ⟨72⟩.

3.

Der Reigen der Gestirne

Mond

Sonne und Sterne scheinen die Ordnung zu ver-
körpern. Unablässig in immer den gleichen Bahnen
kreisen die Sterne um die Erde. Bei der Sonne ist
die tägliche Bahn auch kreisförmig. Dieses Wandern
um die Erde wiederholt sich ohne Unterlaß, und das
prägte sich den Menschen tief ein. Es führte zur
Vorstellung eines Himmelsgottes oder Sonnengottes,
der alles übersieht und alles lenkt und wünscht, daß
die himmlische Ordnung auch auf die Erde übertragen werde, wo nur Unordnung herrscht und die
Menschen darunter leiden. Die Herrscher und Priester hatten dafür zu sorgen, daß die göttlichen Be-
fehle auf Erden befolgt werden. Und so entstanden
Reiche, die für die Ewigkeit bestimmt zu sein schienen. Die Beachtung der Himmelsrichtungen in den
Gräbern und Tempeln, auch in der Anlage der Staats-
gebäude, die Beachtung der Jahreszeiten und was
damit in Verbindung steht, war vorgeschrieben.
Dieser Gottesdienst und diese Himmelsschau waren
starr und hätten kaum weiter als zur Erkenntnis
des Kreises und der Kreisbewegungen geführt. Leben
kam in diese Vorstellungswelt erst durch die Beachtung anderer Himmelskörper, unter denen der Mond
am wichtigsten war. Er wanderte auch am Himmel,
inmitten der Sterne, die er von Tag zu Tag überholte,
wobei sein Ansehen sich geheimnisvoll änderte, von
der lichtschwachen Sichel am Abendhimmel bis zur
leuchtenden Scheibe des Vollmondes, der die ganze
Nacht beherrschte und die Erde beleuchtete, und

dann abnehmend bis zur schmalen Sichel, die morgens in der Dämmerung verschwand. Und dies wiederholte sich immer wieder in einer Zeit, die der weiblichen Periode gleichzukommen schien. Wie wunderbar war doch der Mond, dessen Scheibe verschiedene dunkle Stellen zeigte, die immer neue Deutungen veranlaßten. Die einen sahen in der Mondscheibe einen sich kauernden Hasen (Tafel II), andere ein Menschengesicht, noch andere Blätter, wie eine Sage der Bewohner der Südsee-Inseln berichtet ⟨50, S. 13⟩:

„Ina war die älteste von vier reizenden Töchtern der blinden Kui. Marama (der Mond), welcher sie aus der Ferne oft bewundert hatte, war so in ihre Schönheit verliebt, daß er eines Nachts von seinem Platz am Himmel herniederstieg, um sie sich zum Weibe zu holen. Die immer fleißige Göttin Ina wurde eine vorbildliche Ehefrau. In klaren Nächten erkennt man im Monde deutlich einen großen Haufen von Blättern, mit denen sie ihren niemals leeren Kochofen bedeckt, und auch die Zungen aus einem gespaltenen Kokosnuß-Zweig, mit welchem sie die feurigen Kohlen ordnen kann, ohne sich zu verbrennen."

Offenbar beherrscht der Mond die Nacht; er führt die nächtliche Kälte und Feuchtigkeit herbei. Deshalb rufen die thessalischen Hexen die triefende Mondscheibe mit dem Menschenantlitz in der Nacht an ⟨30, Bild 9⟩.

Andere Völker sahen im Mond den gutmütigen Alten, der gute Ehen schafft. So erzählten die Chinesen im 18. Jahrhundert (Die Rote Kammer S. 444):

„Ja, mein Kind, wenn der Alte im Mond es will, dann kriegen sich zwei auch über 1000 Meilen Entfernung hinweg. Der Alte im Mond sucht sich heimlich seine Leutchen aus und knüpft sie mit dem roten Zauberfaden, den er ihnen um die Füße wickelt. Da mögen Länder und Meere und Jahre dazwischen

liegen, zu guter Letzt müssen seine Leutchen doch
Mann und Frau werden. Mit Menschenwillen ist
da nichts getan. Mögen umgekehrt zwei Menschenkinder noch so nahe beieinander leben, mögen sie
von Eltern und Verwandten feierlich füreinander
bestimmt sein, wenn der Alte im Mond seinen roten
Faden nicht knüpft, dann kriegen sie sich trotz allem
nicht."

Ganz anders sah der deutsche Dichter Hugo von
Blomberg (1820—71) ⟨4, S. 194⟩ den Mond. Er
dichtete:

> „Der Mond kommt spät. Er glotzt mir tief
> Durchs Unterholz entgegen;
> Sein Antlitz rot, verstört und schief,
> Als käme er von Trunk und Schlägen."

Sonne und Mond sind die größten Götter am Himmel. In den Veden heißt es von ihnen: „Nach Osten
und nach Westen kommen mit ihrem Zauber die
beiden jungen Spielenden zum Opfer; alle Welten
beschaut der eine, die Zeiten bestimmend wird der
andere wiedergeboren" ⟨155, S. 33⟩. Sie wurden auch
für Geschwister oder für Eheleute gehalten. Wenn
der Mond gelegentlich die Sonne verfinsterte, so
wurde dies selten dem Monde, meistens einem Un-
hold zugeschrieben, den man durch Schreien und
Lärm vertreiben mußte. Der griechische Dichter
Pindar dichtete während der Sonnenfinsternis am
30. April 463 v. Chr. ein Lied, worin er die Götter
um Abwehr des Unheils bat.

Das sich ständig wiederholende Schauspiel des
Entstehens und Vergehens gab dem Menschen mehr
als der tägliche Sonnenlauf. Die Menschen lernten
den Mondwechsel zur Zeitteilung verwenden und
von da aus zur Einteilung des Jahres fortschreiten.
Zwölf Mondwechsel während eines Jahres galten als
Regel; aber nach einer Reihe von Jahren mußte es

sich herausstellen, daß diese Rechnung nicht stimme und es notwendig sei, von Zeit zu Zeit einen 13. Monat als Schaltmonat einzuschieben. Damit ergab sich, daß die anscheinend so glatte Rechnung zwischen Jahren und Monaten nicht richtig war. Der 13. Monat — der Schaltmonat — wurde als ungehörig angesehen. Die Zahl 13 selbst kam dadurch in Verruf und wurde zur Unglückszahl.

Wie die Sonne, so wurde auch der Mond verehrt, und zwar sowohl als Mondgott wie auch als Mondgöttin. Im Zweistromlande wurde in Ur bereits um 3000 v. Chr. ein Stufenturm für den Mondgott Nannar gebaut und bis zur Zeit des Kyrus, um 500 v. Chr., immer wieder erneuert. Im Bereich dieses Tempels erhielt die Mondgöttin Nin-gal vom König Bur-Sin um 2200 v. Chr. einen Tempel. Die Verehrung des Mondes, die sich durch die Begrüßung der neuen Mondsichel und durch Feiern zur Vollmondzeit äußerte, war überall verbreitet. Nur tiefstehende Eskimos auf Grönland und einige Indianer in Südamerika beachten den Mond nicht. Die Mondverehrung drang mehrmals nach Ägypten ein und vermochte die überragende Sonnenverehrung einzudämmen. Auch in Harran, dem Sitz der Sonnenverehrung, wurde seit alter Zeit der Mond verehrt. Der berühmte alte Tempel beim raqqaischen Tor wurde im Jahre 1033 n. Chr. von den Ägyptern zerstört. Beim anderen Tempel Kādi wurde noch im 1. Jahrtausend n. Chr. ein Fest am 27. jedes Monats gefeiert ⟨44⟩. Auch in Muhammeds Heimat Mekka befand sich der Tempel des Mondgottes Hubal, die Kaaba mit dem berühmten schwarzen Stein ⟨35⟩.

Das Mondlicht ist nur schwach und gestattet — im Gegensatz zum Sonnenschein — den Lauf des Mondes am Himmel genau festzulegen und durch 28 Sternbilder — Mondhäuser genannt — zu kennzeichnen. Dagegen wurden für den Sonnenlauf, nachdem sich die Zeiteinheit von 30 Tagen für den Monat durchgesetzt hatte, 12 Abschnitte der Sonnenbahn am Himmel festgelegt, die ihren Namen von benachbarten Sternbildern bekamen, und zwar: Widder, Stier, Zwillinge, Krebs, Löwe, Jungfrau, Waage, Skorpion, Schütze, Steinbock, Wassermann und Fische (Bild 19). Diese Einteilung des Tierkreises in 12 gleiche Teile oder Zeichen hielt sich auch dann noch, als diese Tierkreisbilder sich infolge der Präzession zu den Sternbildern selbst verschoben. In Ostasien gibt es eine Folge von 12 Tieren (Tafel III, 1), die mit Ratte beginnt und mit Schwein aufhört; sie dient weniger zur Einteilung des Himmels als zur Einteilung der Zeit in je 12 aufeinanderfolgende Jahre (Tafel III, 2), Monate und Doppelstunden.

Der Ruhm, den Lauf von Sonne und Mond verfolgt und sich an die Vorausberechnung von Finsternissen gewagt zu haben, gebührt den Babyloniern. Aus dem 7. Jahrhundert v. Chr. gibt es den Bericht des Hofastronomen Balasi an den König über die Vorhersage künftiger Finsternisse und seine Bemühungen, sie zu beobachten ⟨323, S. 46⟩: „Was die Sonnenfinsternis betrifft, wegen der mein Herr König gesprochen hat, so ist sie nicht eingetreten. Am 27. werde ich wieder Ausschau halten und berichten."

Planeten

Gäbe es außer den Sternen nur Sonne und Mond, so würde wohl ihr Wandern zwischen den Sternen beobachtet und gedeutet worden sein. Gewiß wagte man sich schon an das Schwierigste: an die Vorausberechnung der Finsternisse, und rang sich von der Vermutung, daß ein Mondring auf eine künftige Finsternis deute, zur Gewißheit durch, daß eine Finsternis nur von der gegenseitigen Stellung von Sonne, Mond und Erde abhänge und sich vorausberechnen lasse. Trotzdem wären Forschung und Deutung erstarrt. Eine Belebung kam erst durch die Beachtung der anderen Planeten oder Wandelsterne, die wie Venus und Jupiter durch ihren Glanz auffielen. Wie reizvoll ist doch ihr Wandern am Himmel! Nicht immer geradeaus wie Sonne und Mond — nein, gelegentlich stehen sie still oder wandern rückwärts, bis sie, wie durch eine unsichtbare Hand gepackt, sich wieder zum Vorwärtswandern entschließen. Und welche Abwechslung: Venus und Merkur scheinen um die Sonne zu tanzen; andere, wie Saturn, Jupiter und Mars, erscheinen morgens zuerst im Osten; dann beherrschen sie die ganze Nacht, um schließlich am Abendhimmel zu verschwinden. Dieses von Sonne und Mond völlig verschiedene Verhalten regte zu immer neuen Fragen an. Auch zu Deutungen. Die vielen Wechselfälle des menschlichen Lebens brachte man gern mit den Planeten in Verbindung. So lautet eine frühe Deutung vom Jahre 1970 v. Chr. ⟨168, II, S. 259⟩:

„Wenn Venus am 6. Abu im Osten steht, so wird es Regengüsse vom Himmel geben; Zerstörung wird es geben. Bis zum 10. Nisan steht sie im Osten; am 11. Nisan verschwindet sie; 3 Monate bleibt sie am Himmel aus; am 11. Du̅zu leuchtet Venus im Westen wieder auf. Dann wird es Feindschaft im Lande geben, aber die Feldfrucht des Landes wird gedeihen."

Sehen wir nicht aus dieser Deutung, wie der babylonische Priester vor sich ein Verzeichnis des Erscheinens der Venus an verschiedenen Tagen der Monate und der irdischen Folgen hatte und aus diesem Erfahrungsschatz heraus künftiges Geschehen vorhersagte?

Venus als der strahlende Morgen- und Abendstern wurde im Zweistromlande (Tafel IV) und in Mexiko (Bild 11) in enge Verbindung mit Sonne und Mond gebracht. Als Morgenstern wurde sie beachtet; denn

11. Altmexikanischer Sonnengott mit Sonnenscheibe neben
Morgenstern und Mond mit Hasen

sie mahnte den Mann, seine Geliebte noch vor Tages-
anbruch zu verlassen. Später wurden auch Jupiter,
Saturn und Mars beachtet und ihr Lauf am Himmel
sowie ihr Aufleuchten und Verschwinden beobachtet,
zuletzt Merkur, der wegen seiner Sonnennähe nur
selten zu sehen war. Der rätselhafte Lauf der Planeten ermunterte die Astronomen zu immer neuen
Anstrengungen. Dem Anschein nach kreisen sie wie
Sonne, Mond und Sterne um die Erde. Aber mit
einfachen Kreisbewegungen ließ sich ihr rätselhaftes
Hin- und Herwandern nicht erklären. Deshalb mußte
man zu exzentrischen Kreisbewegungen greifen, wobei der Mittelpunkt des Kreises außerhalb der Erde
lag, oder zu Bewegungen auf Beikreisen, deren Mittelpunkt die Erde umkreist. Alle diese Erwägungen
und Erklärungen faßte der Grieche Ptolemäus um
137 n. Chr. zu seiner berühmten Planetentheorie zu-

sammen, worin es ihm gelang, auf raffinierte Weise alle Bewegungen der Planeten mathematisch darzustellen. Dabei war er allerdings genötigt, für manche Planeten verschiedene Beikreise anzunehmen und auch verschiedene Punkte, von denen aus der Planet sich gleichförmig zu bewegen scheint; denn die kreisförmige und gleichförmige Bewegung — das Abbild des Kreisens der Sterne — konnte und wollte Ptolemäus nicht aufgeben. Dazu kam noch die Annahme, daß die Erde unbewegt in der Weltmitte ruht und umkreist wird von den Sternen und von den Gestirnen, zu denen die Planeten Sonne, Mond, Merkur, Venus, Mars, Jupiter und Saturn gehören, deren Bahnen sich wie die Töne zueinander verhalten (Bild 12).

Ptolemäus hatte den Raum zwischen Erde und Sternhimmel mit einem Reigen der 7 Gestirne erfüllt, deren jedes eine Bahn um die Erde beschreibt, aber innert Grenzen, die sich gegenseitig nicht schnitten; denn sie waren so weit gesteckt, daß die Kreisbahnen mit den Beikreisen darin enthalten waren. Diese Beikreise bewirkten, daß die Bahn des Planeten sehr langgestreckt war, was sich bei Mond und Mars in großer Änderung ihrer Größe hätte äußern müssen. Dies beachtete Ptolemäus nicht, auch nicht die Versuche seiner Vorgänger, durch andere Annahmen die Planetenbewegungen zu erklären. Hicetas von Syrakus sprach von der Achsendrehung der Erde, was auch Herakleides, ein Schüler Platons, tat. Noch weiter ging Aristarch von Samos, der die Unbeweglichkeit der Sonne und des Sternhimmels behauptete und dafür die Erde um die Sonne kreisen ließ, wobei sie sich täglich um ihre Achse dreht. Andererseits gab es die ägyptische Lehre, wonach Venus und Merkur nicht um die Erde, sondern um die Sonne kreisen und mit ihr um die Erde herumgeführt werden. Diese verschiedenen Erklärungsversuche wurden aber

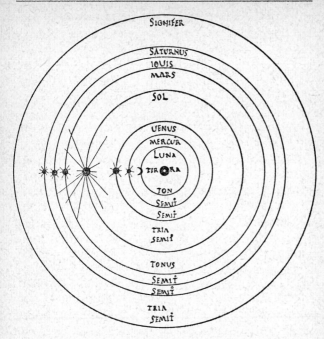

12. Antike Darstellung der Planetenbahnen mit Angabe der
Töne

im Altertum nicht zu einer durchgreifenden Darstellung der Bewegung aller Planeten um die Sonne ver-
schmolzen und an der Beobachtung erprobt. Vielmehr wurden sie nur gelegentlich als sonderbare
Ideen erwähnt, wie der Einfall Hipparchs, den Ort
und die Größe der Sterne zu bestimmen und dadurch
den späteren Geschlechtern die Möglichkeit zu geben,
Veränderungen unter den Sternen, das Aufleuchten
und Verschwinden von Sternen festzustellen. Als
eine gottwidrige Tat erschien ihnen Hipparchs Unter-
fangen. Und gegen Aristarch und andere Neuerer
wurde die Anklage der Gotteslästerung erhoben;
zu sehr widersprachen ihre Ansichten dem herrschen-

den Weltbild. Dieses Weltbild ließ die Erde in der Weltmitte ruhen, umkreist von Sternen und Planeten und umwoben von einem Netz der Beziehungen zwischen Gestirnen und Menschen. Wer wollte es wagen, die Erde aus ihrer Ruhe zu bringen und das schöne Netz zu zerreißen?

Erst Nicolaus Coppernicus gelang es, die augenfälligen Eigentümlichkeiten des Planetenlaufes, nämlich das Rückwärtswandern und die Stillstände, durch die Annahme der Sonne und nicht der Erde als Bezugsort der Planetenbewegung zu erklären. Dazu muß die Erde um die Sonne kreisen, die in der Weltmitte ruht. Durch die Annahme der Achsendrehung der Erde wurde das Kreisen der Sterne erklärt. Diese umwälzenden Vorschläge konnten nur entstehen, weil die Gelehrten, besonders in Deutschland, der Zweifel an der Richtigkeit der ptolemäischen Lehre ergriffen hatte. Zuerst war es die Unzufriedenheit mit der Berechnung der Neu- und Vollmonde, die zum Nachdenken zwang. Bereits am Hof Karls des Großen hielt man sich darüber auf. Und bald kam es so weit, daß sogar den Bauern die Mängel der Mondrechnung auffielen, wie Hermann der Lahme um das Jahr 1050 berichtete. Damals war der Kalender nur um einige Tage falsch. Trotzdem wurde es bemerkt; Maßnahmen zur Verbesserung des Kalenders wurden getroffen und fanden erst ein Ende, als die Gregorianische Kalenderreform durchgeführt worden war. Dies geschah bei den westlichen Völkern, hauptsächlich in Deutschland, England, Frankreich und Italien. In anderen Kulturkreisen legte man auf einen richtigen Kalender nicht solchen Wert, und deshalb konnte die ptolemäische Planetentheorie weiterherrschen. Wie anders bei den westlichen Völkern! Nicht nur der Kalender, also die Sonnen- und Mondbewegung, die ganze ptolemäische Lehre wurde nunmehr arg-

wöhnisch betrachtet. In Wien stellte man fest, daß
die ptolemäischen Beikreise die Bahn des Planeten
so ausdehnten, daß sich dies in der Größe der Planeten zeigen mußte. Davon konnte aber nicht die
Rede sein. Andererseits hatten Nikolaus Krebs, der
berühmte Kardinal Nicolaus Cusanus, und Regiomontan, der aus Königsberg stammende Johannes
Müller, über die Bewegung der Erde und ihre Bedeutung nachgedacht. Besondere Bedeutung kam der
Stellung der Sonne innerhalb der Planeten zu. Dies
erläuterte Georg Peuerbach in seinem weitverbrei-
teten Lehrbuch mit den Worten, daß jeder Planet
irgend etwas in seiner Bewegung mit der Sonne
gemeinsam habe und daß der Sonnenlauf gleichsam
der gemeinsame Spiegel und das Naturgesetz für
die Bewegung der Planeten sei. Das war ein wichtiger Hinweis auf die Bedeutung der Sonne. Die
Sterndeuter hatten wohl schon seit dem Altertum
von der Bedeutung der Sonne als dem Fürsten und
Lenker der Gestirne, als der Quelle des himmlischen
Lichtes gesprochen und sie mit dem Herzen im
Lebewesen verglichen. Jedoch wurde immer nur ihre
astrologische Wirkung beachtet. Erst der zwanzig-
jährige Regiomontan erkannte die astronomische Bedeutung, als er von der Ankettung der 3 oberen
Planeten an die Sonne durch ihre Epizykelbewegung
und von der anderen Ankettung der Venus an die
Sonne sprach und hinzufügte, daß sie mitten zwischen den Planeten wie der König im Königreich
und wie das Herz im Lebewesen stehen müsse. Wie-
weit Regiomontan in seinen Erwägungen kam, wissen wir nicht. Er starb mit 40 Jahren, und die Arbeiten seiner letzten Lebensjahre sind verschollen.

Coppernicus führte die Erwägungen seiner Vorgänger zu Ende ⟨334a⟩. Sein Weltbild mit der ruhenden Sonne, umkreist von den Planeten mit der
Erde, die sich dreht und vom Mond umkreist wird,

setzte sich schließlich durch und gab unseren Forschungen die Grundlage, auf denen sich unsere Wissenschaft aufbaut. Es ist bekannt, daß es erst der
Anstrengungen Brahes und Keplers bedurfte, bis
die richtige Form der Planetenbewegung — in einer
Ellipse — gefunden wurde. Nach diesen Vorarbeiten
konnte sich die Planetentheorie so entwickeln, daß
es möglich war, die Finsternisse auf die Sekunde
richtig vorherzusagen und den bisher unbekannten
Planeten Neptun nur aus den Wirkungen zu berechnen, die er auf den ihm nächsten Planeten ausgeübt
hatte.

4.

Kometen und Wundersterne

Wunderzeichen erscheinen von Zeit zu Zeit am
Himmel und setzen das Volk in Schrecken. Dazu
gehörten seit alters die Kometen. Darüber wußte
Seneca zu berichten ⟨5, S. 175⟩:
„Solange die Ordnung im Weltall bewahrt wird,
fällt es uns nicht auf. Ist aber etwas durcheinander-
geraten und leuchtete wider die Gewohnheit ein
Licht auf, dann schauen wir, fragen wir, zeigen wir
nach ihm. So liegt es unsrer Art, mehr das Neue als
das Große zu bewundern. So verhalten wir uns auch
gegenüber den Kometen. Wenn eine seltene und
ungewöhnlich gestaltete Feuererscheinung sich zeigt,
verlangt es einen jeden zu wissen, worum es sich
dabei handelt, und alles andere vergessend, fragt
man nur nach dem Neuankömmling, im Zweifel,
ob man ihn anstaunen oder gar fürchten soll. Dann
treten Schreckenspropheten auf, die ihn als unheil-
schwangeres Vorzeichen überall verkünden. Daher
der Forschungsdrang und der Wille, zu ermitteln,
ob es sich um ein Schicksalszeichen oder um ein
bloßes Gestirn handelt. Aber — mein Gott — gibt
es denn eine andere und herrlichere Forschung und
nützlichere Lehre als über die Natur der Sterne
und Sternbilder?"
Dann erwähnte Seneca die Erklärungen des Apol-
lonios von Myndos und des Epigenes über die Be-
schaffenheit der Kometen und wies auf die Not-
wendigkeit hin, ein Verzeichnis der Kometen älterer
Zeit zu besitzen, da sich erst dann ermitteln lasse,
ob sich eine Periode in ihrem Erscheinen zeige. Über

diesen Vorschlag kam das Altertum nicht hinaus.
Obwohl immer wieder Kometen erschienen und zur
Betrachtung und Überlegung aufforderten, dauerte
es bis zum 16. Jahrhundert, bis man durch Beobachtung feststellen konnte, daß die Kometen nicht
der Lufthülle der Erde, sondern dem Himmel oberhalb der Mondbahn angehören. Und erst die neue
Planetentheorie Keplers gab Halley die Möglichkeit, die Bahn des nach ihm benannten Kometen
zu berechnen und sein Wiedererscheinen vorherzusagen. Im 19. Jahrhundert konnte man Beziehungen zwischen manchen Kometen und Sternschnup-
penschwärmen feststellen, und später fand man, daß
verschiedene Kometen zwischen den Bahnen von
Mars und Jupiter sich allmählich auflösen.

Außer den Kometen, auch Schwanzsterne genannt,
gab es den Glücksstern Sirius und den Stern der
Weisen, der uns noch beschäftigen wird. Dann gab
es den Wunderstern im Walfisch (Mira Ceti), den
der Pastor David Fabricius im Jahre 1596 entdeckte
und der deshalb seinen Namen erhielt, weil ein Stern,
der eine Zeitlang sichtbar war, dann verschwand
und nach einiger Zeit wieder aufleuchtete, um wieder zu verschwinden, weil ein solcher Stern seit
Menschengedenken noch nicht vorgekommen war.
Allerdings hatte man dabei eine merkwürdige Nachricht aus dem Altertum vergessen, die Plinius von
Hipparch berichtete ⟨332⟩:

„Hipparch hat einen neuen Stern und einen andern
zu seiner Zeit entstandenen Stern entdeckt und wurde durch dessen Bewegung, wodurch er zum Leuchten kam, zum Nachdenken veranlaßt, ob sich dies
häufiger ereigne und ob auch die von uns für ange-
heftet gehaltenen Sterne sich bewegten, und deshalb begann er ein gottwidriges Werk, nämlich die
Sterne und Sternbilder für die Nachkommen zu
zählen und namentlich mit erdachten Geräten zur

Gemme mit Komet und Sternbild des Löwen und Denar
mit dem Kometen Caesars

1. Der Komet von 1577 über Nürnberg

2. H. Daumier, Kometenangst

Bestimmung der Örter und Größen der einzelnen Sterne aufzuzeichnen. Dies tat er, damit leicht festgestellt werden könnte, nicht nur ob sie verschwänden oder entstünden, sondern auch ob sie zu- und abnähmen; vielleicht daß sich unter seinen geistigen Erben jemand befände, der ihr Wachstum feststelle."

Diese Nachricht läßt ersehen, daß Hipparch die von ihm beobachteten Ereignisse durch die Bewegung der Sterne zu erklären glaubte. Wie aus einer anderen Arbeit Hipparchs hervorgeht, handelte es sich bei dem Stern, der zu Hipparchs Zeit entstand, um den Wunderstern im Walfisch, während der von ihm als neu bezeichnete Stern anscheinend südlich des Walfisches aufleuchtete.

Diese beiden Himmelserscheinungen veranlaßten Hipparch zur Beobachtung der Sterne und zur Anlage eines Sternverzeichnisses, was Ptolemäus später wiederholte.

Seit Hipparchs Zeit — um 129 v. Chr. — vergingen 1700 Jahre, bis wieder eine Botschaft der Sterne die Menschen traf und sie zum Handeln trieb. Als im Jahre 1572 ein strahlender, neuer Stern erschien, war es Tycho Brahe, der auf diesen Ruf der Sterne hörte und die erste Abhandlung über einen Stern schrieb. Nicht die Deutung, sondern die Sammlung von Nachrichten und der Nachweis, daß dieser allmählich verblassende Stern nicht zum Sonnenall, sondern zum Sternenall gehört, bildeten das Ergebnis seiner Abhandlung. Und ähnlich machte es Kepler, als im Jahre 1604 wieder ein neuer Stern erschien. Diese Neuen Sterne und der Wunderstern bildeten den Auftakt zu einer wichtigen Arbeit der Sternforscher, nämlich der Untersuchung des Lichtwechsels veränderlicher Sterne und damit zur Gewinnung eines Hilfsmittels, um den Aufbau des Sternenalls und der Sterne kennenzulernen.

5.

Die Sterne als Schicksalsdeuter

Sonne, Mond und Sterne erregten die Aufmerksamkeit der Menschen. Die Himmelsvorgänge wurden beachtet. Man suchte sich den überirdischen
Mächten oder Göttern anzupassen. Tempel wurden
ihnen gebaut. Am deutlichsten ist diese Anpassung
in China. Bereits der dem Konfuzius zugeschriebene
Anhang zum Buche Ji (Gi) spricht von dieser Anpassung. „Der Himmel läßt seine Bilder herabhän-
gen, die Glück und Unglück offenbaren; die Heiligen
(Herrscher) nehmen sie zum Vorbild." ⟨103, S. 341.⟩
Wie diese Bilder des Himmels zum Vorbild genommen werden sollen, darüber sagt das Buch der Wandlungen ⟨314, S. 48⟩:

„Als in der Urzeit Pao Hi die Welt beherrschte,
da blickte er empor und betrachtete die Bilder am
Himmel, blickte nieder und betrachtete die Vorgänge auf Erden. Er schaute die Zeichnungen der
Tiere und Vögel und ihre Anpassung an die verschiedenen Orte. Unmittelbar ging er von sich selbst, unmittelbar ging er von den Dingen aus. So erfand er
die 8 Zeichen, um mit den Urkräften der lichten
Götter in Verbindung zu kommen und aller Wesen
Verhältnisse zu ordnen."

Diese 8 Zeichen der Himmelsrichtungen und Zwi-
schenrichtungen zeigen noch die chinesischen Zauber-
scheiben, Lo-king genannt (Bild 13 u. 14).

Den Chinesen schien das richtige Wachstum der
Pflanzen nur dann möglich zu sein, wenn die menschliche Tätigkeit dem Jahreslauf angepaßt ist. Darüber
sagt das Buch „Frühling und Herbst", das LüBu We

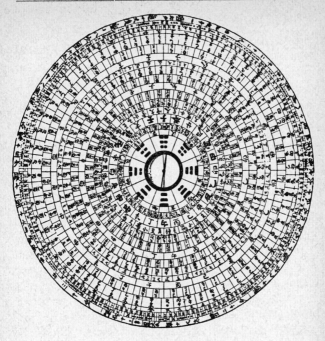

13. Chinesische Zauberscheibe „Lo-king"

im 3. vorchristlichen Jahrhundert aus alten Büchern
zusammengestellt hatte ⟨181, S. 1—3⟩:

„Der erste Frühlingsmonat, Mong Tschun.

Im ersten Frühlingsmonat steht die Sonne im Zeichen Ying Schi. Zur Zeit der Abenddämmerung
kulminiert das Sternbild Schen. Zur Zeit der Morgendämmerung kulminiert das Sternbild We. Seine
Tage sind Gia und I. Sein göttlicher Herrscher ist
Tai Hau. Sein Schutzgeist ist Gou Mang. Seine Tiere
sind die Schuppentiere. Seine Note ist Güo. Seine
Tonart ist Tai Tsu. Seine Zahl ist 8. Sein Geschmack
ist sauer. Sein Geruch ist muffig. Man opfert den

Türgeistern. Unter den Opfergaben steht die Milz voran.

Der Ostwind löst das Eis. Die Tiere beginnen aus ihrem Winterschlaf erweckt zu werden. Die Fische stoßen das Eis auf. Der Fischotter opfert Fische. Die Zuggans zieht nach Norden.

Der Himmelssohn weilt in der Tsing-Yang-Halle im linken Raum. Er fährt im Fasanenwagen, an den große blauschwarze Drachenpferde angespannt sind. Es werden grüne Flaggen aufgesteckt. Man kleidet sich in grüne Kleider und trägt grünen Nephrit. Man ißt Weizen und Schaffleisch. Die Opfergefäße sind durchbrochen, um die Luft durchziehen zu lassen.

In diesem Monat begeht man den Eintritt des Frühlings. Drei Tage vor dem Eintritt des Frühlings begibt sich der Großastrologe zum Himmelssohn und spricht: ,,An dem und dem Tag ist Frühlingseintritt; die wirkende Kraft beruht auf dem Holz.‘‘ Der Himmelssohn fastet dann. Am Tag des Frühlingseintritts begibt sich der Himmelssohn in eigener Person an der Spitze der drei Großwürdenträger, der neun hohen Räte, der Fürsten und Räte zur Einladung des Frühlings auf den östlichen Anger. Nach der Rückkehr verleiht er Auszeichnungen an die hohen Räte, die Fürsten und Räte im Schloßhof.

Er befiehlt den Ministern, Milde zu verbreiten und gütige Gebote zu erlassen, Glück zu spenden und seine Gnade der Masse des Volks zuteil werden zu lassen. Belohnungen und Gaben werden ausgeteilt, jedem das Seine.

Er befiehlt dem Großastrologen, auf die Wahrung der Gesetze zu achten und Verordnungen zu erlassen, den Lauf des Himmels, der Sonne, des Mondes, der Sterne und Sternbilder zu beobachten, damit die Mondhäuser in ihrem Rückgang ohne Irrtümer festgestellt werden, damit die Bahnen nicht falsch be-

rechnet werden und der Frühlingseintritt als fester
Punkt bestimmt wird.

In diesem Monat bittet der Himmelssohn an einem
guten Tage um Getreidesegen zum höchsten Herrn.
Darauf wird eine glückliche Stunde gewählt. Dann
legt der König selbst eine Pflugschar an den dritten
Platz des Wagens zwischen einen gepanzerten Wächter und den Wagenführer. Er begibt sich an der
Spitze der drei höchsten Würdenträger, der neun
hohen Räte, der Fürsten und Räte persönlich zum
Pflügen auf den Acker des Herrn. Der Himmelssohn
zieht drei Furchen, die drei höchsten Würdenträger
ziehen fünf Furchen, die hohen Räte, Fürsten und
Räte neun Furchen. Heimgekehrt, ergreift der Himmelssohn im großen Gemach einen Becher, während
die drei höchsten Würdenträger, die neun hohen Räte,
die Fürsten und Räte alle beisammen sind, und
spricht zu ihnen: ,Dies ist der Wein für eure Mühe.'

In diesem Monat hat sich die Kraft des Himmels
nach unten gesenkt, und die Kraft der Erde ist nach
oben gestiegen. Himmel und Erde sind im Einklang
und vereinigen ihre Wirkung. Kräuter und Bäume
regen sich üppig.

Der König macht die Arbeit der Landwirtschaft
bekannt. Er befiehlt den Feldaufsehern, auf dem östlichen Anger ihre Wohnungen aufzuschlagen, die
Grenzen und Scheidewege in Ordnung zu bringen,
die Pfade und Kanäle gerade zu ziehen, eine genaue
Übersicht anzufertigen über die Berge und Hügel, die
Täler und Schluchten, die Ebenen und Sümpfe, und
entsprechend dem, was an den einzelnen Plätzen am
besten fortkommt, die fünf Getreidearten einzu-
pflanzen. Um das Volk darüber zu belehren, müssen
sie bei allem selbst dabei sein. Wenn die Felder im
voraus genau vermessen sind und nach der Linie be-
grenzt, so wissen die Bauern Bescheid."

Finsternisse

Ähnlich war es bei den anderen Monaten. Die Beachtung des Himmels gehörte zu den Pflichten der
Sternschauer. Besonders hatten sie auf ungewöhn-
liche Himmelserscheinungen, wie Finsternisse, recht-
zeitig aufmerksam zu machen und die nötigen Maßnahmen zu veranlassen. Wie dies vor sich ging, darüber berichtete Dso Kiu-ming, der Schüler des Konfuzius, nach der Finsternis vom 14. August 524 v. Chr.
⟨323, S. 219⟩:

„Im Sommer, im 6. Monat, am Tage Gia-sï, am
1. Tag des Monats, war eine Sonnenfinsternis. Der
Priester und Geschichtsschreiber verlangte nach den
für das Opfer benötigten Seidenstücken. Tschao-tse
sagte: ‚Wenn eine Sonnenfinsternis stattfindet,
nimmt der Kaiser keine vollständige Mahlzeit ein
und läßt die Trommeln am Erdaltar schlagen, während die Lehnsfürsten Seidenstücke auf dem Altar
opfern und die Trommeln an ihren Höfen schlagen
lassen. So lautet die Vorschrift.‘ Ping-tse widersprach
dem und sagte: ‚Höre auf! Es ist nur der 1. Monat,
ehe die bösen Einflüsse sich geltend machen und dann
eine Sonnenfinsternis eintritt, daß es Vorschrift ist,
die Trommel zu schlagen und Seidenstücke zu opfern.
Fürs übrige nicht!‘ Der große Geschichtsschreiber
(Konfuzius) sagte darauf: ‚Das ist gerade der Fall in
diesem Monat. Nachdem die Sonne die Frühlings-
gleiche durchschritten hat und bevor sie die Sommerwende erreicht, wenn dann einiges Unheil der Sonne,
dem Mond oder den drei Himmelskörpern zustößt,
so legen alle Beamten ihre feine Kleidung ab, so
nimmt der Fürst keine vollständige Mahlzeit ein und
zieht sich aus seinen Prunkgemächern zurück, bis die
Zeit der Finsternis vorüber ist. Die Musiker schlagen
die Trommeln, der Priester opfert Seidenstücke, und
der Geschichtsschreiber hält eine Rede.‘ ‘‘

Noch mehr als zwei Jahrtausende später war es in China ähnlich, wie es der Jesuit P. Louis le Comte 1686 in Peking erlebte. Darüber berichtete er ⟨170, S. 102⟩:

„Seit einigen Jahren haben einige vornehme Leute, die unsere Bücher gelesen haben, ihren Irrtum eingestanden. Jedoch bei einer Finsternis, besonders bei einer Sonnenfinsternis, behält man in Peking die alten Sitten bei, die etwas abergläubisch und lächerlich sind; denn während die Beobachter (die Jesuiten) auf dem Turm sind, beschäftigt mit der Bestimmung des Anfangs, des Endes und der Dauer der Finsternis, knien die wichtigsten Mandarinen in einem Saal oder Hof des Schlosses, immer bedacht auf die Himmelsvorgänge. Sie werfen sich ständig vor der Sonne zu Boden, um ihr Mitgefühl zu zeigen, oder vor dem Drachen, um ihn zu bitten, die Welt in Ruhe zu lassen und nicht ein Gestirn zu verzehren, wonach es ihn so sehr gelüstet.

Übrigens ist es nötig, daß die Vorhersage der Mathematiker über die Finsternis eintrifft. Wenn sie eher einträfe oder viel größer oder kleiner wäre, oder wenn die Dauer viel größer oder kleiner wäre, so wäre der Präsident der Mathematik mit seinen Mitarbeitern in Gefahr, seine Stelle zu verlieren. Aber die Mandarine, die mit der Beobachtung beauftragt sind, bringen die Sache richtig in Ordnung. Was sich auch ereignet, alles ist äußerst genau, und — vorausgesetzt, daß die Offiziere bestochen sind — man befindet sich immer in Übereinstimmung mit dem Himmel."

Und 250 Jahre später in Indien:

„In Lahul ist heute eine Sonnenfinsternis zu sehen. Seit 2 Stunden schon dröhnen vom nahen Kloster die Pauken und Posaunen. Die Lamas haben ihre hohen Mützen aufgesetzt und sitzen singend und betend im Kreis, auf daß der Teufel, der droben im

Begriff ist, die Sonne aufzufressen, sie wieder frei-
gebe. Dann und wann springt einer auf und wirft
glühende Holzkohlen und brennende Lappen nach
der Sonne. Die Frauen im Dorf hocken in ihren Häusern und singen und heulen." ⟨Frankfurter Zeitung
vom 9. März 1936.⟩

Zauberscheibe

Das Schicksal des gewöhnlichen Menschen war aus
der chinesischen Zauberscheibe zu ersehen. Um den
Kompaß in der Mitte reihen sich die Kreise (Bild 13)
der chinesischen Elemente, Himmelsrichtungen,
Mondhäuser, Planeten, 12 Tiere der ostasiatischen
Tierfolge. Auf ihre Verwendung werden wir noch zu
sprechen kommen (s. S. 77).

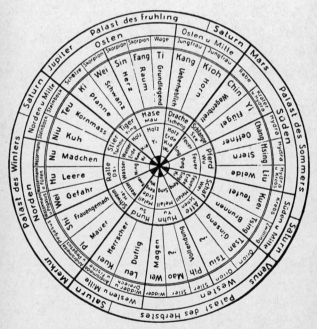

14. Erklärung einer chinesischen Zauberscheibe

Schicksalsscheibe

Im Mittelmeergebiet nahm die Sterndeutung andere Formen an als in Ostasien. Wohl gab es die Scheibe des Bianchini, welche um den Nordpol des Himmels in Kreisen die Figuren der ostasiatischen Tierfolge, des Tierkreises und der Dekane sowie die Planetengötter mit ihren Bezirken im Tierkreis zeigt,

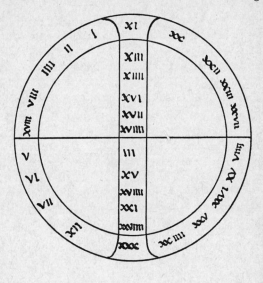

15. Sphaera des Petosiris oder Pythagoras

also zu Deutungen im griechischen, ägyptischen und ostasiatischen Sinn dienen kann ⟨24, S. 299 mit Tafel IV⟩. Auch die Sphaera oder Schicksalsscheibe des Petosiris ist zu nennen (Bild 15). Sie heißt auch Sphaera Pythagore oder Sphaera apuleji und diente zur Befragung des Schicksals. Worum handelt es sich bei dieser Scheibe? Mit ihr läßt sich das künftige Schicksal des Kranken, Flüchtlings oder Kämpfers ermitteln, und zwar, ob der Kranke leben oder sterben wird oder nicht, ob der Flüchtling zurückkehren, ob der Kämpfer siegen wird oder nicht. Somit erhalten wir einen Einblick in das antike Leben, wo das Schicksal des Kranken, den man beerben möchte, des entlaufenen Sklaven und des Ringkämpfers wichtig erschien. In den mittelalterlichen Handschriften wird meistens die Entscheidung über Leben und Tod gesucht. Dazu werden die auf der Scheibe sichtbaren römischen Zahlen benützt und zuvor mit der am Rande befindlichen Gleichsetzung von Buchstaben und Zahlen der Name des Kranken in Zahlen ausgedrückt und um das Mondalter des Tages der Erkrankung vermehrt. Ist die Summe der Zahlen größer als 29, so wird die Zahl 29 oder das Vielfache davon abgezogen und mit der Restzahl nachgesehen, ob sie oberhalb oder unterhalb der waagrechten Linie der Figur fällt. Das Leben entspricht den Zahlen oben, d. h. oberhalb des Horizontes, der Tod den Zahlen unten, die dem Schattenreich angehören. Es handelt sich hier um ein einfältiges Spiel mit dem Namen und Mondalter, unter Verwendung der alten Vorstellung, daß das Leben über und der Tod unter der Erde herrscht. Nicht anders stand es mit den ägyptischen Glücks- und Unglückstagen, die auch in den mittelalterlichen Kalendern eine Rolle spielten. Die Tage galten als günstig oder ungünstig, je nachdem der ägyptische Götterglaube damit ein freudiges oder trauriges Ereignis verknüpfte.

Geburtsdeutung

Auch aus Ägypten stammte die Geburtsdeutung aus dem gleichzeitig aufgehenden Sternbilde. So konnte der gleichzeitige Aufgang des Herkules auf das Schicksal als Herkules, Orpheus, Prometheus, Theseus, Tantalos oder als Läufer, Tänzer, gequälter oder müder Mann gedeutet werden. Wichtiger erschien der gleichzeitige Aufgang der Tierkreiszeichen, deren jedes mehrfach gedeutet werden konnte, z. B. der Schütze kann hindeuten auf Bogenschützen oder auf königliche Majestät — gemäß morgenländischer Anschauung — oder auf einen großen menschenfreundlichen Arzt oder auf einen Pflanzenkenner oder auf einen Erzieher von Helden oder auf einen weisen Seher — gemäß griechischer Anschauung. Auch teilte man jedes Tierkreiszeichen in drei gleiche Teile, die Dekane, unterstellte jeden Dekan einem Zeichen oder Planeten, auf diese Weise den ursprünglichen Einfluß der Zeichen mildernd oder verstärkend. Eine andere Unterteilung der Zeichen war die in Bezirke, die von verschiedener Ausdehnung den Planeten — außer Sonne und Mond — zugeteilt wurden, wobei die Größe der Bezirke und die Reihenfolge der Planeten wechselten, je nachdem man der Lehre der Ägypter, der Babylonier oder des Ptolemäus folgte. Diese Unterteilungen genügten noch nicht. Man verband die Zeichen durch gleichseitige Dreiecke und setzte sie den Elementen gleich (Bild 16). Oder man ordnete jeder Stunde einen Planeten als Stundenherrscher in bestimmter Reihenfolge zu. Die Durchführung der Benennung sämtlicher Stunden einer Woche ergab für jeden Tag einen anderen Planeten als Herrscher der ersten Tagesstunde und damit als Herrscher des Tages, der nunmehr seinen Namen vom Planeten erhielt; daraus entstanden die noch jetzt üblichen Namen der Wochentage. Dies führte

zu einer besonderen Art der Sterndeutung, nämlich
zur Vorhersage des Schicksals des Neugeborenen aus
den Eigenschaften des Stundenherrschers; so wies
die Stunde des Merkur auf das künftige Schicksal
als Künstler, Uhrmacher und Sternforscher, Lehrer
und Genießer hin ⟨276, S. 29⟩. Den Planeten wurden
aber auch verschiedene Eigenschaften: warm, kalt,
trocken oder feucht, verschiedenes Geschlecht und
verschiedene Metalle und verschiedene Farben zugeschrieben, so daß der Einfluß eines Planeten man-
nigfache Deutungsmöglichkeiten zuließ.

Die Beachtung des Aufganges der Planeten, Sterne,
Sternbilder, Dekane und Tierkreiszeichen war es, die
in Ägypten zur Deutung benützt wurde. Dabei ergaben sich viele Deutungen. Schließlich sah man von
der tatsächlichen Beobachtung eines Planeten ab
und verteilte die Planeten über alle Stunden der Woche, so daß jeder Stunde ein Planet als Herrscher zu-
gewiesen wurde, gleichgültig ob der Planet in dieser Stunde aufging oder nicht. Hierin zeigt sich wie
auch in anderen Gebieten der Sterndeutung die Herrschaft des Schemas, der sich alles unterordnen muß.

Horoskope der Weltentstehung

Neben dieser Berücksichtigung des Horizontes gab
es auch die Beachtung der Vorgänge am Sternhimmel
selbst, oberhalb des Horizontes. Das waren in erster
Linie die Finsternisse, die großen Schrecken erweckten und die Priester zur Beobachtung, zur Vorhersage und rechtzeitigen Benachrichtigung des Herr-
schers zwangen. Daneben war es der Lauf der anderen Planeten, der Beachtung erforderte, weil diese
Planeten nicht nur durch ihre Helligkeit und Farbe
auffielen, sondern auch zu Göttern erhoben worden
waren, die durch ihren Stand am Himmel Glück
und Unglück den Menschen bereiten konnten. Be-
deutungsvoll war ihre Stellung zueinander und zu

16. Gedrittscheine (Triangel) der Zeichen

Sonne und Mond und in den Tierkreiszeichen. Dabei
gab es bestimmte Stellungen, die auf uralte Überlieferung zurückgehen und mit dem Horoskop der
Weltentstehung „Thema mundi" zusammenhängen
⟨334⟩. Vermutlich am Anfang des ersten vorchristlichen Jahrtausends dürften als glückbringend und
günstig für die Weltentstehung folgende Stellungen
der Planeten angesehen worden sein, die als Örter
des Geheimnisses überliefert sind (Bild 17): Die Sonne
steht hoch im Süden, begleitet von Venus zur Rechten und vom neuen Mond zur Linken. Gleichzeitig ist
Jupiter aufgegangen und steht im Osten, Mars
ist im Westen vor dem Untergang, indessen Saturn
sich der Sonne gegenüber unter dem Horizont be-

61

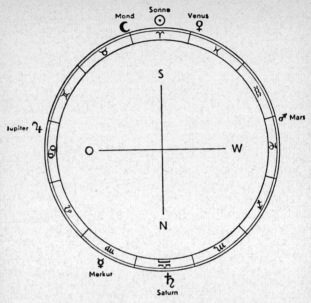

17. Babylonisches Horoskop der Weltentstehung

findet. Demgemäß bilden Sonne, Jupiter, Saturn
und Mars ein Kreuz, entsprechend den vier wichtigen
Stellen des Horizontes. Dabei erinnert an die alte
Vorstellung von der Götterdreiheit noch die Stellung
von Mond, Sonne und Venus in der Mitte des Himmels. Nur Merkur, links neben Saturn, steht außerhalb jeder Beziehung, gleichsam als ob er nachträglich hinzugefügt worden ist. Dies geschah wohl erst
Jahrhunderte später wie auch die Angabe, in welchem Zeichen und Grad sich die Planeten zur Zeit
der Weltentstehung befanden; denn eine glückliche
Bedeutung des Horoskops ergibt sich aus ihrer Stellung zueinander und zu den vier wichtigen Stellen.
So heißt es in einer babylonischen Deutung: ,,Wenn
ein Kind geboren wird, während Jupiter aufgeht und
Mars untergeht, wird dieser Mensch Glück haben‘‘

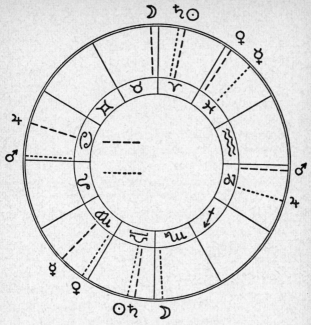

18. Figur der Erhöhungen und Erniedrigungen

⟨141a, S. 255⟩. Und diese günstige Bedeutung führte
dazu, daß dieser Horoskoport der Planeten als Ort
ihrer Erhöhung und der entgegengesetzte Ort im
Tierkreis als Ort der Erniedrigung bezeichnet wurde
(Bild 18). Da die Sonne im Widder stand, so wurde
als Zeit der Weltentstehung der Frühling, der babylonische Jahresbeginn, angesehen.

Jünger ist ein anderes Horoskop der Weltentstehung ⟨334⟩, das Thema mundi, das dem ägyptischen
Priester Petosiris zugeschrieben wurde. Dabei handelt es sich um folgende Verteilung der Planeten auf
die Zeichen des Tierkreises: im Aufgang befindet sich
der 15. Grad des Krebses mit dem Mond, dann folgt
die Sonne im 15. Grad des Löwen, Merkur im 15. Grad

63

der Jungfrau, Venus im 15. Grad der Waage, Mars im
15. Grad des Skorpion, Jupiter im 15. Grad des Schützen, während Saturn im 15. Grad des Steinbocks im
Untergang ist. Die Stellung der Planeten im 15. Grad
jedes Zeichens entspricht der in Ägypten üblichen
Festlegung der Jahrespunkte auf den 15. Grad der Zeichen. Da die Sonne im Löwen steht, so war die Zeit
ein Monat nach der Sommerwende und damit auch
der damalige Frühaufgang des Sirius gemeint, dessen Aufgang auch durch den Aufgang des 15. Grades
des Krebses betont wird, da Sirius als Dekan Herr
des ersten Drittels des Krebses ist, wie die Ägypter
meinten. Somit will das Horoskop besagen, daß die
Planeten nacheinander — entsprechend ihren Ab-
ständen von der Erde — aufgehen, und zwar während
des Frühaufganges des Sirius, womit das glückver-
heißende ägyptische Neujahr begann. Dieses Horoskop wurde benützt, um den Zeichen verschiedene
Eigenschaften zu geben. Die von der Sonne angeführte Reihe der Zeichen vom Löwen bis Steinbock
wurde als Taghäuser der Planeten und die vom
Mond in entgegengesetzter Richtung angeführte
Reihe vom Krebs bis Wassermann als Nachthäuser
der Planeten bezeichnet. Somit erhielt jeder Planet
sein Taghaus und sein Nachthaus, aber die Sonne
nur das Taghaus des Löwen und der Mond das Nachthaus des Krebses.

Beide Horoskope der Weltentstehung konnten nie
der Wirklichkeit entsprochen haben; denn Merkur
konnte nie so weit von der Sonne abstehen, wie es
beide Horoskope annehmen, und ebenso stand es mit
Venus beim ägyptischen Horoskop. Die Wirklichkeit wurde vergewaltigt, um eine Regel aufzustellen.
Das war schon bei den Planeten als Stundenherr-
schern der Fall.

Der Straßenastrologe

Gedanken eines Landstreichers: „Es kommt alles darauf an, unter welchem Stern man geboren ist — bei mir war's 'ne Sternschnuppe —, da bin ich natürlich ein Vagabund geworden."

Sintflut und Weltbrand

Wie die Entstehung der Welt, so wurde auch ihre Zerstörung durch eine Sintflut oder durch den Weltbrand den Sternen zugeschrieben. Der Babylonier Berossos überlieferte als alte babylonische Weisheit die Lehre, daß der Weltbrand durch die Zusammenkunft aller Planeten im Zeichen des Krebses und die Sintflut durch die Zusammenkunft aller Planeten im Zeichen des Steinbockes erfolgen würde.

Es wurden auch Vermutungen über die Dauer des Weltalters aufgestellt. Für Platon waren es 10 000 Jahre ⟨168, II, S. 38⟩; für Berossos hat ein Weltjahr 518 400 Jahre. Von den ältesten babylonischen Herrschern bis zur Sintflut rechnete er 432 000 Jahre und von da bis zur Zeit Alexanders des Großen 36 000 Jahre. Mit noch größeren Zahlen rechneten die Inder. Sie unterschieden das eiserne Zeitalter mit 360 000 Jahren, das eherne Zeitalter mit 720 000 Jahren, das silberne Zeitalter mit 1 080 000 Jahren und das goldene Zeitalter mit 1 440 000 Jahren. Dies zusammen mit je einer Morgen- und Abenddämmerung ergab das große Zeitalter von 4 320 000 Jahren. 1000 solche großen Zeitalter entsprechen einem Welttag (Kalpa) von 4 320 Millionen Jahren, worauf der Weltbrand erfolgt. Dann regnet es 100 000 Jahre ohne Unterbrechung bis zur allgemeinen Überschwemmung. Das Leben erneuert sich, wenn Brahma sich während einer Nacht, die 4320 Mill. Jahren entspricht, ausgeruht hat. Sein Leben dauert 100 Jahre zu 360 Tagen zu 2 Welttagen, also 311 Billionen Jahre, nämlich 1 Para ⟨323, S. 176⟩.

Tolederbriefe

Die Deutung der Zusammenkunft (coniunctio) aller Planeten oder der 3 oberen Planeten Saturn, Jupiter und Mars wurde von den Arabern weiter ausgebildet.

Im christlichen Abendlande wurde sie zuerst im
12. Jahrhundert durch die Tolederbriefe bekannt,
die nach Johann von Toledo benannt wurden ⟨97⟩.
Im Jahre 1179 lief eine Weissagung, als deren Verfasser Johann von Toledo oder ägyptische Astrologen
genannt wurden, durch das Abend- und Morgenland; Stürme, Erdbeben, Hungersnot und Kriege
wird es im Jahre 1186 geben, wenn alle 7 Planeten
im Zeichen der Waage zusammenkommen werden.
Großer Schrecken entstand. Der Erzbischof von
Canterbury ordnete ein dreitägiges Fasten an. Jedoch
erfolgte kein Unheil. Spöttisch erzählte der Mönch
Gervasius von Canterbury, man habe damals in
England keine anderen Stürme erlebt als die, welche
der Erzbischof durch sein Donnern heraufbeschworen
habe. Und aus dem Morgenlande erfahren wir: „Um
diese Zeit trug sich nach dem Bericht einiger morgenländischer Geschichtsschreiber eine große Zusammenkunft der 7 Planeten zu, die sehr selten zu
entstehen pflegt. Sie zeigte sich im 3. Grad der
Waage, welche, wenn man sich auf die Regeln der
Sterndeuterei verlassen kann, ein sehr luftiges Zeichen ist. Alle Sterndeuter im muselmanischen Gebiet
und unter anderen auch Anwari mit dem Zunamen
al-Hakem oder der Weltweise verkündeten aus dieser Erscheinung, daß in diesem Jahre solche Stürme
und fürchterliche Orkane entstehen würden, von
welchen die meisten Häuser des Landes umgestürzt
und selbst die Berge erschüttert werden würden.
Diese Weissagung tat eine solche Wirkung unter
dem Volke, daß die Menschen sich unterirdische
Klüfte und Gewölbe zubereiteten, um sich vor der
Gewalt eines so fürchterlichen Wetters zu verbergen.
Indessen entstand in der ganzen Zeit, die von den
Sterndeutern bestimmt worden, kein solcher rei-
ßender Sturm, ja nicht einmal ein solcher Wind,
der die Bauern und die Drescher vom Dreschen

und Würfeln des Getreides abgehalten hätte" ⟨97⟩.
Dieser Mißerfolg der Vorhersage — trotz der tatsächlichen Zusammenkunft der Planeten im Herbst
1186 — und der darauf einsetzende Spott hinderte
aber nicht, daß Tolederbriefe von Zeit zu Zeit verbreitet wurden und Unheil verkündeten. Dabei mußte
es jedem Kenner klar sein, daß eine Zusammenkunft
aller Planeten in einem Zeichen sich nach 1186 nur
sehr selten wiederholen konnte. Erst bei der Vorhersage für den 9. September 1371 erklärte der
flämische Magister und Geistliche Joh. de Wasia
die Berechnung für falsch; ähnlich wandten sich
der Mönch Johann von Meißen gegen die Vorhersage
für 1422 und der Astronom und Geistliche Johann
von Gmunden gegen die Vorhersage für 1432, die
immerhin das Gute hatte, daß deshalb die Planeten
beobachtet wurden.

Im 16. Jahrhundert erregte der Hinweis des Joh.
Stöffler in seinem Jahrbuch auf die vielen Zusammenkünfte der Planeten in den Fischen im Jahre
1524 großes Aufsehen, zumal viele Kalenderschreiber
die Gelegenheit benützten, darüber zu schreiben und
auf die schlimmen Wirkungen, in erster Linie eine
Sintflut ⟨276, Abb. 62⟩, hinzuweisen. Immerhin bezwei-
felten die meisten Verfasser der 137 Druckschriften,
die darüber erschienen, das Eintreten solcher Flut.
Trotzdem war die Aufregung groß. Der Kurfürst
von Brandenburg zog auf den Kreuzberg in Berlin,
um dort die Flut abzuwarten. Als sich nichts ereignete,
vergaß man bald den Mißerfolg und glaubte der
neuen Vorhersage für 1586. Im Abendlande dürfte
dies der letzte Tolederbrief gewesen sein, der Glauben fand. Anders im Morgenland, wo dieser Glaube
noch bis zur Gegenwart herrscht, wenn wir der
„Berliner Zeitung am Mittag" trauen dürfen, die am
30. Mai 1928 berichtete: „In Jerusalem verbrachte
gestern eine Menge Menschen die Nacht im Freien,

um das Ende der Welt abzuwarten, das nach Prophe-
zeiungen gestern mit einem Erdbeben beginnen sollte."
  Die Araber entwickelten eine Theorie, wonach die
Zusammenkunft der Planeten bedeutsam für die
Religionen sei. Wie al-Kindi ausführte, veranlaßte
die Zusammenkunft von Jupiter und Saturn im
Skorpion am 29. oder 30. März 571 n. Chr. die Geburt
des Propheten Muhammed und die Zusammenkunft
von Saturn und Mars in den Zwillingen im Jahre
622 Muhammeds Flucht nach Medina ⟨179⟩. Im
Mittelalter wurde die alle 20 Jahre erfolgende Zusammenkunft von Jupiter und Saturn verantwort-
lich für verschiedene wichtige Ereignisse, wie die
Pest und Luthers Geburt, gemacht.

Wassermann-Zeitalter

  Seit kurzem gibt es eine neue Art, die Menschen
zu erschrecken, nämlich die Verkündung der Zeitalter der Tierkreiszeichen. Danach soll uns die schlimme Zeit des Wassermanns bevorstehen. Was ist
darunter zu verstehen? Bekanntlich verschieben sich
die Sonnenbahn und damit die 12 Zeichen des Tierkreises zum Sternhimmel und führen eine Drehung
in 26 000 Jahren durch, so daß z. B. nach 2160
Jahren das Zeichen des Widders den früheren Platz
der Fische durchlaufen hat und in den früheren
Platz des Wassermanns eintritt. Das Bild 19 zeigt
die Lage des Tierkreises mit den Zeichen und die
Lage der Sternbilder des Tierkreises für das Jahr
137 n. Chr., als Ptolemäus ihre Lage festsetzte. Die
Jahreszahlen am Rande geben an, wann das Zeichen
des Widders den früheren Platz der anderen Zeichen
erreicht, z. B. im Jahre 2297 n. Chr. des Wassermanns, im Jahre 4457 des Steinbocks usw. Außerhalb des Ringes des Tierkreises sind die entsprechenden Sternbilder mit ihren Grenzen gezeichnet. Deutlich ist sichtbar, daß sich manche Sternbilder nicht

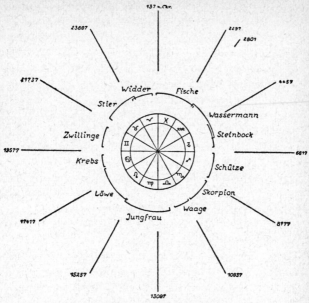

19. Figur der Tierkreis-Zeitalter

berühren und andere sich überdecken. Wollten wir
nun abwarten, bis das Zeichen des Widders oder
der Frühlingspunkt die Grenze des Sternbildes des
Wassermanns erreicht, so müßten wir bis zum Jahre
2801 n. Chr. warten. Wir haben also Zeit und die
Wahl, ob wir bis zum Jahre 2297 oder bis zum
Jahre 2801 warten wollen, um dann die schöne oder
schlechte Zeit des Wassermann-Zeitalters zu er-
leben.

Kometenfurcht

Wie war es mit den himmlischen Wunderzeichen?
Kometen (Tafel VII) haben immer Furcht und Schrek-
ken erregt. Sie galten als Vorboten wichtiger Ereignisse, wie Geburt und Tod der Herrscher. So sollen

2 große Kometen, die 70 Tage lang sichtbar waren
und dabei den 4. Teil des Himmels einnahmen, die
Geburt und den Regierungsantritt des Mithradates
Eupator angezeigt haben. Dies soll in den Jahren
132 und 120 v. Chr. gewesen sein. Offenbar sind
die Nachrichten der Angst der Römer vor ihrem
großen Feind entsprungen. Von großen Kometen
kann in den Jahren nicht die Rede sein. Ihre Sicht-
barkeit von 70 Tagen wurde erfunden, um dem
tatsächlichen Lebensalter des Mithradates von 69
Jahren zu entsprechen. Ähnlich steht es mit dem
Kometen, der auf der Gedenkmünze für Julius Cäsar zu sehen ist. Der Komet erschien im Herbst
44 v. Chr., sechs Monate nach Cäsars Tod, so daß
er als Vorbote der Ermordung nicht angesehen werden konnte. Als nun im Jahre 17 v. Chr. einmal
nachts eine Lichterscheinung mit langem Schwanz
zu sehen war, galt dies als Wiederkehr des Kometen.
Und zur Erinnerung an diesen Kometen wurde nun
die Münze geprägt, die den Kopf des jugendlichen
Cäsar und den Kometen mit der Umschrift „DIVVS
IVLIVS" zeigt (Tafel V). Später ließ Augustus
Münzen mit seinem Bildnisse und mit demselben
Glücksstern der Julier prägen ⟨143⟩.

Sehr beliebt für Deutungen der Kometen waren
Schriften über die 7 oder 9 Arten von Kometen,
deren Aussehen, Lauf und Richtung ihres Schweifes
sich deuten ließen. Erst im 16. Jahrhundert begannen
die Untersuchungen über den Abstand der Kometen
von der Erde und über die Richtung ihres Schweifes
zur Sonne und damit die modernen Untersuchungen.
Trotzdem wurden noch im 17. Jahrhundert die Kometen als Werk böser Geister bezeichnet ⟨193⟩ und
bis heute ihr Einfluß gefürchtet.

Große Kometen wie der Halleysche Komet ver-
breiteten durch ihr Erscheinen großen Schrecken.
Immer galten sie als Vorboten schlimmer Ereignisse,

wie der Zerstörung Jerusalems im Jahre 70 n. Chr.,
der Niederlage Attilas auf den Katalaunischen Fel-
dern im Jahre 451 n. Chr., der Eroberung Englands
durch die Normannen im Jahre 1066. Davon zeugen
noch alte Bilder. So zeigt eine antike Gemme wohl
den Halleyschen Kometen vom Jahre 11 v. Chr.
oder von 218 n. Chr. der beidemal neben dem Kopf
des Löwen sichtbar war (Tafel V). Als der Komet
im Jahre 1066 wiederkehrte, wurde er auf dem Tep-
pich von Bayeux verewigt ⟨96 mit Bild ⟩. Sogar noch
bei seinem letzten Erscheinen im Jahre 1910 hat
der Komet große Unruhe verursacht, weil die Erde
am 19. Mai durch seinen Schweif gehen sollte. Die
Unruhe, besonders auf den Philippinen, war so groß,
daß P. G. Zwack sich genötigt sah, zur Beruhigung
eine Schrift zu veröffentlichen ⟨340⟩. Anderswo
war man ruhiger. Als es hieß, daß Camille Flamma-
rion den Weltuntergang für den 18. Mai 1910 vorhergesagt habe, brachte der „Roland von Berlin"
folgendes für die Zeitstimmung bezeichnende Gedicht:

„Armer Erdenmensch, begreife,
Was im Schicksalsbuche steht:
Wedelnd mit dem Riesenschweife
Naht der schreckliche Komet!
Aber statt vor Angst zu beben,
Laßt uns lustig vorwärts sehn:
Kinderchen, wird das ein Leben,
Wenn wir alle untergehn.
     . . .
Flammt ein Feuerschein im Osten,
Sinkt die Erdenwelt ins Grab,
Und der letzte Schutzmannsposten
Rückt sodann zur Wache ab.
Weil in solchen Fällen eben
Selbst Behörden ratlos stehn . . .
Kinderchen, wird das ein Leben,
Wenn wir alle untergehn!"

Auch unbedeutende Kometen haben die Menschen noch im 19. Jahrhundert erschreckt, worüber Mädler ⟨185⟩ tiefbetrübt schrieb:

„Wer hätte denken sollen, daß noch im Jahre des Heils 1857 es einem Finsterling gelingen sollte, Millionen in Angst und Schrecken zu setzen, nicht etwa unter den Halbbarbaren der Inseln des großen Ozeans, sondern in Ländern, die sich der höchsten Bildung des Zeitalters rühmen, und das ohne die allergeringste, auch nur scheinbare Veranlassung!"

Immerhin hatte der Komet 1857 I, von d'Arrest entdeckt, die anmutige Bittschrift De Costers und den hübschen Münchner Bilderbogen Sickerts mit der Zeichnung des Zusammenstoßes der Erde mit dem Kometen entstehen lassen. Und ihm ist es zu verdanken, daß H. Daumier die Angst vor dem Zusammenstoß so vortrefflich dargestellt hat (Tafel VI, 2).

Krieg der Gestirne

Auch Feuerkugeln fanden Beachtung und wurden gelegentlich zu Deutungen benützt. Das um Christi Geburt entstandene Sibyllinische Orakel enthält im „Krieg der Gestirne" eine wohl auf babylonischen Einfluß zurückgehende Beschreibung des Aufleuchtens zweier großer Feuerkugeln — von Sonnen- und Mondgröße — und ihrer Wirkung auf die Sterne, die sich im Sternkampf und schließlich im Weltende durch einen Weltbrand äußert. Der Bericht lautet in der deutschen Übersetzung Kuglers ⟨167⟩:

„Einer glänzenden Sonne Drohung unter den Sternen
  sah ich
Und eines Mondes schrecklichen Zorn in Blitzen.
Die Sterne waren kampfgebärend, Gott ließ sie
  kämpfen.
An Stelle der Sonne lange Flammen fuhren durcheinander.

Der Morgenstern lenkte die Schlacht, indem er den
    Rücken des Löwen bestieg.
Des Mondes zweigehörnte Trauergestalt änderte sich.
Der Steinbock stieß zurück des jungen Stiers Nacken;
Der Stier aber raubte dem Steinbock den Tag der
    Heimkehr.
Und die Waage verdrängte den Orion,
So daß sie nicht mehr blieb.
Die Jungfrau tauschte sich im Widder das Los der
    Zwillinge ein.
Die Plejade schien nicht mehr.
Der Drache verleugnete den Gürtel.
Die Fische verkrochen sich gegenüber dem Gürtel
    des Löwen.
Der Krebs hielt nicht stand; denn er fürchtete den
    Orion.
Der Skorpion geht auf den Schwanz des schreckli-
    chen Löwen los.
Und der Hund glitt ab infolge der Flamme der Sonne.
Der Wassermann aber entzündete die Macht des
    starken Leuchtenden (Saturn?).
Es erhob sich Uranus selbst, bis er die Kämpfer
    erschütterte,
Erzürnt sie vornüber zur Erde hinabschleuderte.
Jählings also hinabgestürzt zu des Okeanos Bad,
Entzündeten sie das ganze Land. Es blieb sternlos
    der Äther."

Marspanik

Daß selbst Sternschnuppen die Menschen in Angst
und Schrecken zu versetzen vermögen, dies zeigte
sich beim großen Sternschnuppenfall im Oktober
1933, der in Portugal und anderen Ländern Furcht
hervorrief. Sogar Mars hat in Estland 1921 eine
Panik hervorgerufen, als es hieß, er sei geplatzt (2).

Glücksstern

Als Glücksstern galt im Altertum meistens Sirius, dessen Frühaufgang den Beginn des ägyptischen Jahres anzeigte. Wie er aufging, ob er strahlte oder matt leuchtete, alles dies wurde als maßgebend für das kommende Jahr angesehen. Sirius ist als Dekan zugleich Schutzgeist der Menschen, solange er über dem Horizont weilt, hat sich doch besonders in Ägypten die Lehre von den Sternen als Schutzgeistern entwickelt. Als Glücksstern galt der Stern, der zur Zeit der Geburt aufging, also zu wirken anfing.

Horoskop

Die regelmäßigen Vorgänge, wie Jahreszeiten, Mondwechsel und Finsternisse, wurden im Kalender für das künftige Jahr oder eine Reihe von Jahren angezeigt. Das Schicksal der Menschen ließ sich aus der Sphaera des Petosiris oder der chinesischen Zauberscheibe vorhersagen. Wichtiger wurde aber das Horoskop (Bild 20). Es gibt ein Bild des Himmels für eine bestimmte Zeit und für eine bestimmte Gegend. Um die Kräfte des Himmels darzustellen, geht das Horoskop von der Einteilung in die 4 Himmelsrichtungen aus und zeigt daneben die Einteilung in die 12 Häuser: Schicksal ... Feinde. Der sich ständig ändernde Stand des Himmels mit seinen Zeichen und Planeten wird dabei so berücksichtigt, daß man sich über der Grundscheibe mit den Himmelsrichtungen und Häusern eine andere Scheibe kreisen denkt, welche die 12 Zeichen des Tierkreises und die Planeten darin zeigt. Die Planetenörter konnten den Jahrbüchern der Planetenbewegung entnommen werden, falls sie nicht besonders gerechnet wurden, was mühsam und zeitraubend war. Entscheidend war aber wie der zum Horizont schräge

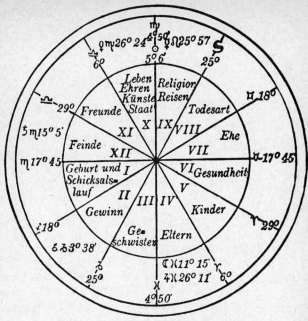

20. Goethes Horoskop

Kreis der Zeichen auf den Horizont projiziert werden sollte. Darüber gab es seit alters 3 verschiedene
Verfahren, die ganz verschiedene Grenzen der Häuser in den Zeichen errechnen ließen, die dann in das
Horoskop eingetragen wurden. Dazu kam, daß bereits bei der Deutung der Stellung der Planeten
oder bei der Bewertung der Eigenschaften der Zeichen oder bei ihrer Unterteilung verschiedene Mei-
nungen möglich waren, so daß die Deutung sehr will-
kürlich ausfallen mußte.

Die meisten Horoskope wurden gestellt, um das
Schicksal der Menschen zu erfahren. Dabei wurde
oft von der Zeit der Empfängnis und nicht der
Geburt ausgegangen, wie bereits Ptolemäus vor-
geschlagen hatte. Daneben gab es Horoskope für

die Gründung von Städten und Universitäten, für das Entstehen von Religionen, für Kometen und Nebensonnen.

Sternenfreundschaft

Fahrende Schüler achteten nicht auf Einzelheiten eines Horoskopes. Wichtiger dünkte ihnen, daß sich mit Hilfe der Sterne eine nette Freundschaft, eine Sternenfreundschaft mit einem hübschen Mädchen anbahnen ließe. Davon heißt es in einem Vaganten-lied des Mittelalters (Carmina burana) in der deutschen Übersetzung Laistners (30, S. 125):

> „Als Merkur und Jupiter
> Sich im Zwilling grüßten,
> Mars zugleich und Venus sich
> In der Waage küßten,
> Kam Cäcilchen auf die Welt —
> Stier war in der Rüsten.
> Ganz dieselbe Konjunktur
> Hat sich mir gefunden.
> So bin ich ihr zugesellt
> Durch die Gunst der Stunden
> Und durch meine Sterne schon
> Ihrem Stern verbunden.“

6.

Sterndeutung als Geschäft

Die Deutung der Himmelsvorgänge war zuerst den
Priestern und Astronomen vorbehalten. Sie hatten die
regelmäßigen Vorgänge vorauszuberechnen und den
Herrscher zu benachrichtigen, damit er durch Fasten
drohendes Unheil abwenden könne. Auch die Berechnung der Kalender war den Priestern anvertraut. In
China hielt sich das Amt des Hofastronomen noch
bis zum 18. Jahrhundert. Daneben gab es die Sterndeuter, die aus der Geburtszeit mit der Zauberscheibe das Schicksal des Menschen vorhersagten.
Darüber gibt es folgende Berichte: Marco Polo
wußte von der Tätigkeit der Sterndeuter zu berichten, die er in den Jahren 1271—95 in China kennengelernt hatte ⟨221⟩:

"Beim Tode einer Person von Rang, deren Körper
verbrannt werden soll, rufen die Verwandten die
Sterndeuter zusammen und machen sie mit Jahr,
Tag und Stunde bekannt, in welcher der Hinge-
schiedene geboren worden; darauf befragen jene die
Zauberscheibe, und wenn sie nun die Konstellation
oder das Zeichen und die darin vorherrschenden
Planeten bestimmt haben, so zeigen sie den Tag an,
an welchem das Leichenbegräbnis stattfinden soll.
Wenn es sich ereignen sollte, daß derselbe Planet dann
gerade nicht im Aufstieg wäre, so verordnen sie, daß
der Körper eine Woche oder mehr und zuweilen bis
zu 6 Monaten aufbewahrt werde."

Wan Schi Tschong (1526—93) erzählt in seinem
Roman "Kin Ping Meh" die Tätigkeit der Sterndeuter mit folgenden Worten auf S. 174: "Der Stern-

deuter berechnete auf Grund der vier astronomischen Doppelzeichen der Stunde, des Tages, des Monates und des Jahres ihrer Geburt eine unglückliche Stellung ihres Ehesternes", und auf S. 791: „Wirklich kamen sie bald darauf an einem offnen, mit blauem Tuch ausgeschlagenen Schreibstand vorüber, in dem ein kalenderkundiger Zauberer saß und darauf harrte, Vorübergehenden für geringes Geld Kalenderauskünfte und Schicksalsvorhersagen zu erteilen." Die Befragung der Zauberscheibe ist noch jetzt beliebt.

Aus Ägypten ist der Priester und Sterndeuter Petosiris bekannt. Offenbar war er im 4. Jahrhundert v. Chr., als Alexander der Große Ägypten eroberte, Priester des Gottes Thot in Hermopolis. Seine Grabstätte wurde im 3. Jahrhundert von Griechen besucht, die ihn als großen Weisen verehrten ⟨265⟩. Ihm wurden die Sphaera und das Thema mundi zugeschrieben, wie wir gesehen haben. Gleichzeitig mit ihm lebte der Sterndeuter und Schlangenbändiger Hor-kheb. Seine Statue, allerdings ohne Kopf und Füße, wurde in Ägypten gefunden. Die Inschrift darauf ist so bezeichnend für seine Einbildung, daß sie in deutscher Übersetzung mitgeteilt wird ⟨52⟩:

„Der Fürst und Statthalter, ein unvergleichlicher Freund, bewandert in der Wissenschaft, Beobachter aller himmlischen und irdischen Naturvorgänge, geschickt in der Beachtung der Gestirne, ohne die Hälfte von ihnen zu vernachlässigen, entwirft ein Horoskop auf Grund ihrer Stellung und der schicksalbestimmenden Götter. Da er über sie und ihre Tage und über den Einfluß der Venus auf die Erde unterrichtet ist, macht er die Länder durch seine Vorhersage glücklich. Beobachtend alle Kulminationen und kennend den Austritt ... (kündigt er) jedes (Fest) zu seiner richtigen Zeit an. Da er das Erscheinen des Sirius beim Jahresbeginn anzeigt, beobachtet er den Tag seines Festes; da er sein Kommen zu den ange-

gebenen Zeiten berechnet hat und seinen täglichen
Gang beobachtet, so ist ihm sein Gesetz bekannt;
dank seiner Kenntnisse des Auf- und Unterganges
der Sonnenscheibe und des Maßes ihrer Veränderungen
benützt er sie zur Angabe der Stunde durch die Sonne,
indem er ihr rechtzeitiges Erscheinen und die stünd-
lichen Änderungen während ihrer Unsichtbarkeit
bekanntmacht. Die Bewegung am Himmel des
Sternes des Horus ... unterrichtet in allen Sachen
des Herrn wendet er seine Beobachtungen am Himmel auf die Erde an; in Kenntnis ihres Atems...
Kein Widerspruch erhebt sich gegen seine Entscheidung, nachdem er seine Angelegenheit auf Grund
seiner Beobachtungen entschieden hat; kein Meister
kann gegenüber dem Herrn der beiden Länder einen
seiner Ratschläge ändern. Er zähmt die Skorpione,
er kennt die Schlupfwinkel der Kriechtiere; indem
er auf ihre Verstecke hinweist und daraus die
Schlangen hervorzieht, schließt er das Maul ihrer
Bewohner; ihre Schlangen ...; eingeweiht in seine
Geheimnisse begünstigen sie seine Reisen und be-
schützen seinen Weg, indem sie (die Gegner) seines
Unternehmens plagen ... Sie beglückwünschen sich
zu seinem Rat; Gott macht seinen Liebling zum
Herrn des Skorpion, Hor-kheb, den Diener des Die-
ners (der löwenköpfigen Göttin) zu Uazit."
  Die ägyptischen Sterndeuter haben wir kennengelernt und wie sie sich den Leuten anpriesen. Was
wollten ihre Kunden wissen? Bei der Sphaera des
Petosiris waren es die Fragen nach dem Ausgang
einer Krankheit oder Kampfes oder nach der Rückkehr eines Flüchtlings. Wichtiger erschien die Frage
nach dem Schicksal des Kindes. Was wird aus ihm?
Darüber geben die Bücher des ägyptischen Weis-
heitsgottes Hermes Trismegistos Bescheid ⟨107⟩:
Wenn ein bestimmter Bezirk eines Tierkreiszeichens
aufging oder ein Planet sich an einem bestimmten

Ort des Tierkreises befand, so konnte das Kind werden: König, Gefängnisvorsteher, Gärtner, Maurer,
Steinschneider, Schneider, Lüstling und Kuppler,
Schäfer, törichter und feiger Verkleinerer, schamlos,
Stallknecht, Eseltreiber, Geschäftsmann, Schatz-
meister, Unternehmer, Bauer, Statthalter; Diener,
der zu seinem Vorteil sehr viele Herren wechselt und
frech ist; Übeltäter und schamloser Wüstling, jedoch Liebhaber der Musik; anerkannter Arzt, Notar,
Pflanzenkenner, Wahrsager, Priester, reicher Bürger,
Unterlehrer oder Mathematiker, Stadtschreiber, Vor-
sänger, Feldmesser. Auch Astrologen kommen vor:
sie sitzen herum und sprechen die Leute an. Astronomen gelten als Erfinder himmlischer Dinge (Theoretiker?). Einmal ist von frommen Astronomen und
Astrologen (semper in deum spem habentes) die
Rede. Wenn die Sonne im Hause oder im Bilde Merkurs steht, so wird das Kind vielfach „sternkundig
werden, jedoch im Dienst der Wissenschaft auf
schlechte Weise oder durch Gelehrsamkeit ein mühe-
volles Leben fristend". Die damaligen Gelehrten
mochten sich wohl gern der alten Zeit erinnern, als
es noch hieß: „Der Gelehrte wird satt wegen seiner
Gelehrsamkeit" ⟨73 a, S. 375⟩.

Aus Ägypten und aus dem Zweistromlande drang
die Sterndeutung nach Griechenland vor und gelangte dann nach Rom, der Hauptstadt des römischen Reiches. Hier beherrschte sie bald die füh-
renden Kreise, mochten auch von Zeit zu Zeit die
Sterndeuter vertrieben werden oder Redner wie
Cicero auf ihre Fehlsprüche hinweisen mit den Worten ⟨32, S. 547⟩: „Was haben die Chaldäer, meines
Wissens, dem Pompejus, Crassus und sogar Cäsar
geweissagt, daß jeder erst im hohen Alter friedlich
und ruhmreich sterben werde! Deshalb bin ich ver-
blüfft, daß sich noch jemand findet, um solchen Leuten
zu glauben, deren Vorhersage man täglich durch die

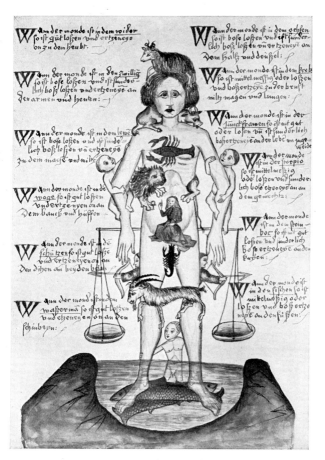

Aderlaß-Mann in der Königsberger Handschrift 2⁰ N 25

Der beobachtende Jüngling am Regensburger Lehrgerät

Ereignisse Lügen gestraft sieht." Und Juvenal berichtete später ⟨32, S. 562⟩: „Kein Mathematiker
gilt als begabt, falls er nicht vorbestraft ist; wer aber
knapp der Todesstrafe entrann oder von den Zykladen
oder der Felseninsel Seriphus eben zurückkehren
durfte, den wird deine liebe Frau wegen des zögern-
den Todes deiner gelbsüchtigen Mutter befragen,
zuvor aber, wann die Reihe an dich kommen werde
und wann an ihre Schwestern und ihre Onkel...
Hüte dich besonders, jener zu begegnen, in deren
Händen du ein schmutziges Jahrbuch entdeckst; die
nicht mehr um Rat fragt, sondern selbst gefragt
wird; die ihrem ins Feld und heimwärts ziehenden
Gatten nicht folgt, weil das Losbuch des Thrasyllos
ihr abrät. Wenn sie bis zum nächsten Meilenstein
fahren will, so sucht sie in ihrem Buche die schick-
lichste Stunde dafür aus. Wenn ihr Auge juckt, so
stellt sie mit Hilfe ihrer Geburtsstunde die geeignete
Arznei fest. Wenn sie krank im Bett liegt, so dünkt
ihr die geeignetste Stunde zum Essen die zu sein,
welche Petosiris angibt."

Bevor wir uns anderen Ländern zuwenden, werfen wir einen Blick ins Morgenland. In Gorganis Gedicht „Dis und Ramin" des 11. Jahrhunderts heißt
es ⟨312⟩:

„Aus jeder Stadt erschienen Sternkund'ge,
Chorasans Auserkorne, Weisheitsmundige:
Der Mond, sprach der, im Widder hat's gemacht!
Saturn, sprach der, im Krebs hat es vollbracht!"

Und über die Stellung der Sterndeuter in Indien
besitzen wir ein wichtiges Zeugnis aus dem 6. Jahrhundert n. Chr. ⟨194, S. 9⟩:

„Ein Sterndeuter muß von guter Herkunft sein,
ein angenehmes, freundliches Aussehen, einen eben-
mäßigen Körper, edlen Wuchs und wohlgeformte
Gliedmaßen haben; er darf nicht durch einen Körper-

6. Sterndeutung als Geschäft

fehler verunziert und seine Hände, Füße, Nägel,
Augen, Zähne, Ohren, Augenbrauen, Stirn und Kinn
müssen wohlgestaltet und schön geartet sein; überhaupt muß er eine gute Figur und eine helle, klare,
wohlklingende Stimme besitzen, kurz: ein stattlicher
Mann sein; denn in der Regel besteht ein Zusammenhang zwischen den guten und schlechten morali-
schen Eigenschaften eines Menschen und seinem Aussehen.

Weiter wird von ihm Sittenstrenge, Wahrhaftig-
keit, Edelmut, Schlagfertigkeit, Wissen, Scharfsinn,
Milde und Güte verlangt; er darf weder aufgeregt
noch boshaft sein und muß durch sein Wissen seine
Studiengenossen überragen, damit er durch seine
erfolgreiche Tätigkeit den Ruhm der Wissenschaften
vermehrt. Er muß nicht allein befähigt, sondern auch
frei von Lastern sein, die Sühnopfer kennen, Heilkunde
und die weiße Zauberei beherrschen, fromm und
gottesfürchtig leben, fasten und sich Bußübungen
auferlegen. Er muß einen hervorragenden Geist besitzen, um in hinreichender Weise jede Frage be-
antworten zu können, ausgenommen in solchen Fällen, wo seinen Kenntnissen durch übernatürliche
Einflüsse Grenzen gesetzt sind. Schließlich muß er
sehr erfahren in Sternkunde, Horoskopen und
Zeichendeutung sein."

In Europa verbreitete sich in dieser Zeit das
Christentum aus. Über seinen Kampf mit der Sterndeutung werden wir später berichten. Seit dem 15.
Jahrhundert ereignete es sich häufig, daß angesehene
Gelehrte um Horoskope (Bild 21) und die Deutung
des Schicksales gebeten werden. Wie sie sich zu
diesen Aufgaben stellten, mögen folgende Stichpro-
ben beweisen. Regiomontan hatte schon 1451 auf
Befehl Kaiser Friedrichs III. das Schicksal der
kaiserlichen Braut Leonore von Portugal aus den
Sternen gedeutet. Als sie am 22. März 1459 ihren

21. Horoskop mit seinen Deutern

Sohn Maximilian, den späteren Kaiser Maximilian I.,
geboren hatte, wünschte sie von Regiomontan die
Deutung des Schicksals ihres Sohnes aus den Sternen.
Diesen Wunsch erfüllte Regiomontan mit folgenden
Worten ⟨331, S. 37⟩:

„Eine große Last hast du, allerhöchste Kaiserin,
auf meine Schultern gelegt, als du von mir verlang-
test, das Schicksal deines Sohnes aus den Sternen zu
deuten; denn schwer und außerordentlich schwierig
ist es, über die Zukunft etwas Genaues aus den Sternen zu ersehen. Wer dies unternehmen will, muß
viele Dinge kennen. Wer wird nämlich die Natur
der Sterne und ihren verschiedenen Einfluß richtig
bewerten, falls er nicht eine volle und vollständige
Kenntnis der Wissenschaft und Philosophie besitzt?
Wenn schon kein Arzt ohne lange Erfahrung den Ausgang der Krankheiten sicher und richtig beurteilen
wird, wer wird daran zweifeln, daß nur ein großes
und dauerndes Studium nötig ist, um die Sterne richtig zu deuten? . . .

Als ich mich an die Arbeit machte, befiel mich ein
großer Schrecken. Obwohl mir die Natur eine gewisse Begabung mitgegeben hat, so weiß ich doch,
daß ich die hierzu nötigen Kenntnisse nicht habe.
Jedoch muß ich der allerhöchsten Kaiserin Leonore
gehorchen. Wenn ich also meinen Auftrag weniger
gut ausführen sollte, so meine ich, daß nicht nur mir,

dem Gehorchenden, sondern auch dir, der Befehlenden, die Schuld zugeschrieben werden müsse. Um so leichter würde ich die Last auf mich nehmen, als ich bei dir eine solche Kenntnis der Dinge und Nachsicht voraussetzen darf, daß du nichts als auf die richtige Weise gedeutet haben willst. Alles, was ich in meiner Deutung sagen werde, wirst du, wie du es in anderen Dingen gewohnt bist, so zweifle ich nicht im geringsten, bei deiner besonderen Klugheit richtig auffassen."

In den nächsten Jahren kamen Regiomontan Zweifel an der Richtigkeit der Vorhersagen. Offen sprach er darüber in seinen Briefen von 1465 und 1471, wo er sagte: er möchte seine Zeit nicht zu sehr mit den astrologischen Vorhersagen vergeuden, obwohl sich im Laufe des Briefwechsels noch Gelegenheit geben werde, darüber zu schreiben, was daran schwankend und fragwürdig sei, wie ihre Verfasser sich gegenseitig widersprechen und, was das Schlimmste sei, nicht einmal sich selbst treu blieben; darüber werde er nächstens eine Schrift veröffentlichen. Zu dieser Veröffentlichung kam er nicht, da er 1475 nach Rom reiste und dort im folgenden Jahr starb.

Mit Regiomontan begann die moderne Erforschung der Himmelsvorgänge. Das Ansehen der Sterndeutung schwand dahin. So äußerte sich Tycho Brahe in einem Brief am 7. Dezember 1587 ⟨64, S. 410⟩:

„Hierauf kann ich dir meine freundliche Meinung nicht verbergen, daß ich mich nicht gern mit der Astrologie, der Sterndeutung und den Vorhersagen einlasse, weil darauf nicht viel zu geben ist, sondern allein die Astronomie, welche den wunderlichen Lauf der Gestirne erforschet, seit einigen Jahren in eine richtige Ordnung zu bringen mich bemühte. . . Da ich aber der Kgl. Majestät, meinem gnädigsten Herrn, jährlich eine astrologische Vorhersage untertänigst zustelle, muß ich mich dem Befehl und Willen seiner Majestät fügen, obwohl ich selbst nicht viel davon halte und mich nicht gern mit solchen zweifelhaften Vorhersagen beschäftige, worin man die eigentliche Wahrheit durchaus nicht erforschen kann wie sonst in der Geometrie und Arithmetik, worauf die Astronomie mit Hilfe fleißiger Beobachtung des Himmelslaufes gebaut wird."

Wie bei Regiomontan, so war es auch bei Kepler (1571—1630). Zuerst machte es ihm Spaß, in seinen Kalendern Vorhersagen zu veröffentlichen, die eintrafen. Dann kam der Zweifel. Bereits 1606 schrieb er an Th. Harriot in London: „Ich höre, euch sei auf Grund der Astrologie Böses widerfahren. Ich frage euch, haltet ihr diese für wert, daß man sich ihretwegen so etwas gefallen läßt? Ich verwerfe nun seit 10 Jahren die Teilung in 12 gleiche Teile, in Häuser, Herrschaften, Dreiheiten usw; nur die Aspekte behalte ich bei und verbinde die Astrologie mit der Lehre von den Harmonien" ⟨152, I, S. 269⟩. Die bedeutendsten Untersuchungen auf dem Gebiete der Sterndeutung verdanken wir Kepler, dessen astrologischer Ruhm durch verschiedene Kalendervorhersagen begründet war. Wie steht es mit der Treffsicherheit seiner Horoskope? Im Januar 1598 wurde ihm sein Sohn Heinrich und zugleich Mästlins Sohn August geboren. In einem Briefe vom 15. März 1598 an Mästlin bespricht er das Schicksal der beiden Kinder. Dem August Mästlin stehe in den nächsten Jahren der Tod nicht bevor; nur muß der künftige Dezember 1598 beachtet werden, da für diese Zeit Epilepsie drohe. Sein eigener Sohn sei erst im Jahre 1601 bedroht. Beide Kinder starben aber bereits im folgenden Monat April 1598!

Wichtiger ist das Horoskop, das Kepler für Wallenstein im Jahre 1608 berechnet hatte. Dieses nach allen Regeln der Kunst gestellte Horoskop sah für

Wallenstein einen Tod nach viertägigem Fieber oder durch Schlaganfall im 70. Lebensjahre voraus, falls ihn nicht ein früher Tod im 28. oder 40. Lebensjahr hinweggerafft hätte. Diese Vorhersagen ließen sich nicht mit Wallensteins Leben vereinen, ebensowenig die Vorhersagen über Krankheiten oder über die Hochzeit im 33. Lebensjahre (1618), während Wallenstein in den Jahren 1609 und 1623 geheiratet hatte. Dies bewog Wallenstein, das Horoskop mit eigenhändigen Aufzeichnungen über seine Lebensereignisse an Kepler senden zu lassen, mit der Bitte, das Horoskop zu verbessern. Verbesserungen von Horoskopen waren nicht ungewöhnlich. Man entschuldigte es damit, daß die Unsicherheit in den Angaben über die Geburtszeit auch die Aussagen über den entsprechenden Himmelszustand beeinträchtige und damit die Vorhersage beeinflusse. Um also die Geburtszeit genauer zu erhalten, ging man von wichtigen Lebensereignissen wie schweren Krankheiten aus und untersuchte, um wieviel die angegebene Geburtszeit zu verbessern sei, um die Übereinstimmung zwischen den Lebensereignissen und der Vorhersage zu erzielen. Bei außergewöhnlichen Menschen scheute man vor großen Verbesserungen nicht zurück. So wurde Luthers Geburtszeit auf den 22. Oktober 1484 verlegt, wo die zur Hervorbringung eines solchen Umgestalters notwendige Planetenstellung stattfand. In unserem Falle hatte Kepler nur nötig, die Geburtszeit Wallensteins um eine halbe Stunde zu ändern, um eine bessere Übereinstimmung zwischen Lebenslauf und Vorhersage herbeizuführen. Daraufhin berechnete er den künftigen Lebenslauf und übersandte seine neue Vorhersage im Januar 1625. Er befand sich dabei in der günstigsten Lage, in die ein Sterndeuter kommen konnte. Er kannte nicht nur den Inhaber des Horoskopes und seinen bisherigen Lebenslauf, sondern wußte auch, welche künftigen

Umstände für den berühmten Feldherrn wichtig waren. Es mußte ihm darauf ankommen, jede himmlische Planetenstellung, die Wallenstein ungünstig sein konnte, zu kennzeichnen, damit dieser die ungünstigen himmlischen Einflüsse berücksichtigen konnte. Hat Keplers verbesserte Vorhersage sich bewährt? Offenbar nicht, wenn wir seine Vorhersage mit den späteren Anmerkungen Wallensteins und mit den Tatsachen vergleichen. So sah Kepler das Jahr 1627 für gefährlich an, während Wallenstein damals seine Siege über den dänischen König erfocht. Wallensteins Absetzung im August 1630 und Wiedereinsetzung im Dezember 1631 fanden sich nicht in den Sternen verzeichnet. Die folgenden Jahre 1632 bis 1634 sollten günstig sein gemäß dem Horoskop, außer für die Zeit um die Opposition von Jupiter und Saturn und Anfang März 1634. Und was geschah? Wallenstein wurde am 25. Februar 1634 in Eger ermordet! Also auch hier keine Warnung durch die Sterne. Kepler hat diesen Fehlschlag seiner Vorhersage nicht erlebt, konnte sich jedoch an Hand anderer Horoskope überzeugen, wie häufig die Vorhersagen fehlgingen. Seinen eigenen Lebenslauf hat er sorgfältig mit den Vorhersagen verglichen und festgestellt, daß seine Erfolge nicht aus dem Himmelsstand vorherzusagen waren. Auch war er sich bewußt, daß die landläufige Meinung von der Treffsicherheit der Horoskope falsch war, wie aus folgenden Äußerungen hervorgeht: „Das Treffen behält man nach der Weiber Art; aber das Fehlen vergißt man, weil es nichts Besonderes ist. Damit bleibt der Astrologus in Ehren."

In dieser Zeit zerbrach das wissenschaftliche Weltbild, und die Sterndeutung verflüchtigte sich wie ein Spuk. Die allgemeine Meinung faßte Tobias Beutel 1668 in seinem Arboretum Mathematicum so zusammen: Man weiß aus der Erfahrung, daß oft und vielmals genau eingetroffen, was vornehme Sterndeuter dem einen oder anderen aus den Gestirnen vorhergesagt haben; vielhundert- und mehrmal gab es Mißerfolge, so daß darin das wenigste Vertrauen zu setzen ist und kein Christ große Furcht oder große Hoffnung in sein Horoskop setzen darf.

Die Erschütterung der Menschheit durch die beiden Weltkriege hatte das Aufblühen der Wahrsagerei zur Folge. Die englische Zeitung Daily Mail wußte 1916 darüber zu berichten: „Eine der seltsamsten Erscheinungen, die dem Kriege ihr Dasein verdanken, sind die massenhaft in allen Teilen Englands ihr Unwesen treibenden Wahrsager. Es gibt Astrologen unter ihnen und Seher, die die Zukunft aus der Hand, den Karten, dem Kaffeesatz oder in einer Kristallkugel lesen wollen. Sie alle blühen und gedeihen wie nie zuvor und hauptsächlich auf Kosten der Frauen, Mütter und Bräute unserer Soldaten. Im Westend nimmt der Kartenschläger ein Pfund für eine Sitzung, der Astrologe zwei Pfund. Als unlängst eine Wahrsagerin in Westminster verhaftet wurde, fand man in ihrer Wohnung ein Buch, in dem Sitzungen mit vornehmen Klientinnen auf 5 Wochen im voraus eingetragen waren. In anderen Teilen Londons nehmen Wahrsager nur 5 Schillinge für eine Sitzung und gehen in den Armenvierteln bis auf wenige Pennys herab." In Deutschland war es ähnlich. Auch hier griff die Sterndeutung um sich, besonders in Süddeutschland, wo es immer eine große Vorliebe für Kalender, Vorhersagen und für jede Art der Sterndeutung gab. Selbstverständlich bedeutet die Neigung zur Sterndeutung und andere Wahrsagerei ein gutes Geschäft (Tafel VII). Waren es 1916 zwanzig bis dreißig Mark, die vorher einsenden mußte, wer ein Horoskop haben wollte, so stieg später der Preis. Darüber und über die dabei angewandte Methode weiß „Die Neue Zeitung" Nr. 117 von 1948 zu berichten: „ ‚Der Vollmond schien gerade in das Zimmer und

streichelte sanft Ihre Pausbacken. Neben Ihnen lag
Ihre matte, erschöpfte Mutter und verzog ihre blei-
chen Gesichtszüge zu einem zufriedenen Lächeln.'
Der obligate Anfang jedes der 1000 Horoskope, die
der 22jährige Sterndeuter Fr. M. aus Hameln an der
Weser für 60 Mark verkaufte, bis er jetzt wegen Be-
truges zu 3 Monaten Gefängnis verurteilt wurde."

7.

Einfallslose Sterndeuter

Eine tausendjährige Beschäftigung der Menschen
mit den Sternen hatte ergeben, daß die Forschung
dabei gedieh, daß aber die Sterndeutung sich bald in
Vermutungen erschöpfte. Alles, was jahrhunderte-
lang als unumstößliche Wahrheit galt: der Einfluß
des Mondes auf das Wetter, die schlimme Bedeutung
der Finsternisse und Kometen, alles dies hatte sich als
unrichtig oder bedeutungslos erwiesen. Dazu kamen
die Erfahrungen der Sternforscher, die wie Regiomontan, Brahe und Kepler zugleich Sterndeuter
waren und sich mit Horoskopen abgaben ⟨326⟩.
Wenn überhaupt, so müssen wir bei diesen Gelehrten, welche einerseits den Lauf der Planeten zu berechnen verstanden und andererseits die Regeln der
Sterndeutung beherrschten, die größte Trefferzahl
in ihren Vorhersagen erwarten können und besonders
bezüglich der Lebensdauer, da die richtige Beantwortung dieser Frage sehr wichtig für ihre fürst-
lichen Auftraggeber war. Werden ihre Vorhersagen
aber überprüft, so ergeben sich nur wenige Treffer.

Trotz dieser Enttäuschung lebte die Astrologie
wie andere Wahrsagerei wieder auf. Es gibt nicht
wenige astrologische Kalender, die Unheil für bestimmte Tage vorhersagen. Offenbar gibt sich nie-
mand die Mühe, diese Vorhersagen auf ihr Eintreffen
zu prüfen. Sonst würde er über die Vorhersage der
Erdbeben, wie sie im Lorcher Astrologischen Kalender für 1930 zu lesen sind, das gleiche finden, wie es
das Bild 22 zeigt, daß nämlich die schweren Erdbeben mit vielen Toten im Kalender nicht vorher-

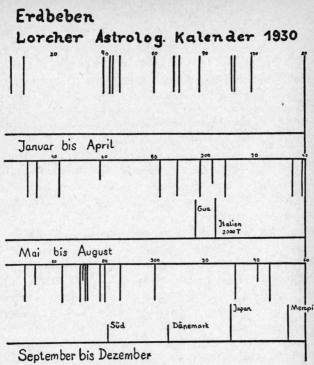

22. Todesfälle durch Erdbeben von 1930 gemäß der astrologischen Vorhersage (Linien von oben) und gemäß der Wirklichkeit (Linien von unten)

gesagt sind, und ebenso steht es mit den Todesfällen im Flugverkehr und in den Bergwerken. Dabei kann der im Altertum und im Mittelalter berechtigte Einwand, daß die Planetenbewegungen nicht genau genug bekannt waren, jetzt nicht mehr gelten.

Ähnlich steht es mit den Wochenhoroskopen. Sie haben mit den Sternen nichts zu tun.

Auch die sogenannte wissenschaftliche Astrologie, welche die Überlieferung statistisch nachprüfen will, befriedigt nicht. Bei ihren Abzählungen begnügt sie sich mit kleinen Zahlen, sobald diese ihrem Zweck zu entsprechen scheinen. Wenn diese Untersuchungen auf Tausende von Menschen ausgedehnt werden, so zeigt es sich, daß die Geburtenhäufigkeit allmählich zur geraden Linie wird, die keine besondere Anhäufung für einzelne Monate erkennen läßt. Ganz anders ist es bei den Naturgesetzen, deren Kurve um so deutlicher wird, je größer die Zahl der Beobachtungen ist.

Wenn wir die alte Überlieferung prüfen wollen, so bietet die Geburtshäufigkeit der Astronomen eine besonders gute Gelegenheit; denn bei welcher Bevölkerungsgruppe müßte sich himmlischer Einfluß mehr bemerkbar machen als bei den Astronomen, die sich durch Neigung oder Beruf mit den Himmelsvorgängen beschäftigen? Das erwähnte Lehrbuch des Hermes enthält die ägyptische Weisheit über die Verteilung der Geburten in den Zeichen des Tierkreises. Andrerseits geben Müllers Gedenktagebuch für Mathematiker und die Porträtgalerie der Astronomischen Gesellschaft 1672 Geburtsdaten, die zur Prüfung der Überlieferung genügen dürften. Wie das Bild 23 zeigt, besteht keine Ähnlichkeit zwischen den Kurven. Überdies dürfte die Kurve der Mathematiker und Astronomen bei noch größeren Zahlen zur waagerechten Linie werden.

Die Astrologen haben sich nicht mit den 7 Planeten Sonne, Mond, Merkur, Venus, Mars, Jupiter und Saturn begnügt, sondern auch die seit dem 18. Jahrhundert hinzuentdeckten Planeten Uranus, Neptun und Pluto zu ihren Deutungen hinzugenommen und glauben sich damit den Ergebnissen der Astronomie angepaßt zu haben. Dadurch wird aber die alte Überlieferung zerstört, die immer nur von 7 Planeten spricht und in den Namen der Wochentage fortlebt. Zugleich werden die Sterndeuter vor eine Entscheidung gestellt, die sie wohl nicht erwartet haben.

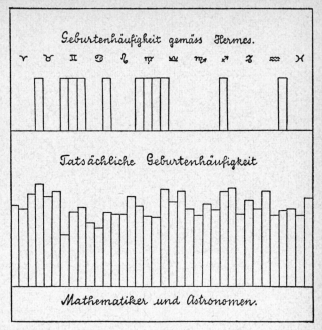

23. Geburtenhäufigkeit der Astronomen und Mathematiker
in den Dritteln der Zeichen

Bekanntlich ist Neptun ein kleiner und langsamer
Planet. Er ist so lichtschwach, daß man ihn mit bloßem Auge nicht sehen kann. Pluto ist aber so klein,
daß man seine Scheibe nur mit dem größten Fernrohr messen konnte. Zugleich kriecht er so langsam
am Himmel, daß er eigentlich als „Wandelstern"
nicht in Betracht kommt. Wenn wir nun von der
Bewegung der Planeten als ihrem Merkmal ausgehen, warum werden nicht die Tausende Kleiner
Planeten zwischen Mars und Jupiter zur Deutung
herangezogen? Welche Möglichkeiten lassen sich die
Sterndeuter entgehen! Die Kleinen Planeten tragen die Namen vieler Städte und Länder und weib-

93

24. Bahnen der 12 Jupitermonde um Jupiter

liche Vornamen. Wie ließe sich doch das verwenden!
Was könnte die Stellung von „Mars" zur „Russia"
und zur „America" bedeuten? Und wenn jemand
andere Interessen hat: Wie lassen sich die Beziehungen der Musen „Melpomene", „Thalia" und „Ura-
nia" — oder wenn wir deutsche Namen bevorzugen:
der „Hilda", „Edda" und „Inge" — zum Künstler
„Merkur" deuten? Und wenn sich „Bertha" oder „Tus-
nelda" in „Bamberg" oder „Heidelberg" mit einem
Olympiasieger „Sonne" treffen wollen, so ließe der Lauf
dieser Planeten auch darüber eine Angabe machen.

Und warum wird der Lauf der vielen Monde nicht
in Betracht gezogen, wenn man schon den Erdmond
zur Deutung heranzieht? Wie leicht ließen sich Vorhersagen für den Staat machen, wenn der Minister-
präsident „Jupiter" in günstiger Stellung zu seinen
Ministern (die 4 hellsten Jupitermonde) oder zu den
Abgeordneten (die schwachen Jupitermonde) steht
(Bild 24).

Und warum werden nicht die ständigen Veränderungen im Aussehen und Licht der Sterne zur Deutung herangezogen? Welche Möglichkeiten gibt es bei den Millionen von Sternen!

Keine Einfälle, keine Kritik, kein Verstehen der modernen Wissenschaft — das sind die Kennzeichen der Sterndeutung. Die königliche Kunst der Sterndeutung sank zur Wahrsagerei hinab.

8.

Haben die Sterne das Christentum beherrscht?

Das Christentum wurde gegründet in einer Zeit, als die Menschen vor jeder Entscheidung die Astrologen und andere Wahrsager um Rat fragten. Der Mensch war verstrickt in das Netz der Beziehungen zwischen Himmel und Erde, wobei nur der Sterndeuter die richtige Beziehung kannte. Und die Sterndeuter behaupteten, daß das Tun der Menschen durch den Sternenlauf vorausbestimmt sei. Demnach gab es keine Möglichkeit für den Menschen, sein Los zu ändern. Da trat das Christentum als Erlösungsreligion auf und fand großen Anhang. Jedoch entstand es zu einer Zeit, die jedes irdische Ereignis als bedingt durch die Sterne ansah. Ist es deshalb verwunderlich, wenn auch Geburt und Tod Jesu Christi mit Himmelserscheinungen in Zusammenhang gebracht wurden, wie es bei Mithradates Eupator und Cäsar geschehen war? Die Erzählung des Evangelisten Matthäus über den Weihnachtsstern ist bekannt. Er berichtete im 2. Kapitel, wie die Weisen nach Jerusalem kamen und sprachen: „Wo ist der neugeborene König der Juden? Wir haben seinen Stern gesehen im Aufgang und sind gekommen, ihn anzubeten. ... Da berief Herodes die Weisen heimlich und erforschte genau die Zeit des Sichtbarwerdens des Sterns. ... Als sie nun den König gehört hatten , zogen sie hin. Und siehe, der Stern, den sie im Aufgang gesehen hatten, ging vor ihnen her, bis daß er kam und stand oben über, wo das Kindlein war. Da sie den Stern sahen, wurden sie hocherfreut." Dieser Bericht ist viel gedeutet worden. Gewiß ist

P. L. M. de Maupertuis bekundet die Abplattung der Erde

H. Daumier, Ehepaar durchmustert den Himmel auf der Suche
nach dem Planeten Neptun

die christliche Jahreszählung nicht richtig. Die Geburt Christi kann nicht am Anfang unsrer Jahreszählung erfolgt sein, sondern einige Jahre früher; denn Herodes starb bereits im Frühjahr des Jahres 4 v. Chr., und die Schätzung, die Augustus befohlen hatte, begann 10 bis 9 v. Chr. Also muß die Geburt in die Jahre 10 bis 4 v. Chr. fallen. Kepler ⟨251⟩ und andere haben den Weihnachtsstern durch die Zusammenkunft von Jupiter und Saturn im Jahre 7 v. Chr. zu erklären versucht; jedoch widerspricht dem die deutliche Angabe „der Stern" ⟨30, S. 135⟩. Kann es nicht ein Neuer Stern gewesen sein, den die Weisen gesehen haben? Das ist nicht unmöglich. Aus diesen Jahren ist uns allerdings keine Nachricht über das Erscheinen eines solchen Sternes überliefert; aber die damaligen Nachrichten sind spärlich, so daß das Fehlen einer Nachricht nichts besagt. Neben einem Neuen Stern könnte auch der Stern der Juden, nämlich Saturn, gemeint sein. Saturn hatte seinen Frühaufgang in der ersten Aprilwoche des Jahres 7 v. Chr. im Zweistromlande ⟨92⟩. Der aus dem Bericht des Matthäus zu schließende Lauf des Weihnachtssternes entsprach dem Laufe Saturns in der Zeit vom 10. Oktober bis zum 15. Dezember 7 v. Chr. Wenn der Frühaufgang Saturns die Geburtszeit bedeutet, so wäre die Geburt Anfang April 7 v. Chr. erfolgt, was zu Hippolyts Angabe, daß Jesus am 2. April geboren sei, paßt.

Auch Christi Tod wurde mit einem Himmelsvorgang verknüpft. Er wurde verurteilt und gekreuzigt am Freitag, den 15. Nisan, nachdem er tags zuvor das Passahmahl gehalten hatte. Die Zeit des 15. Nisan und des Passahfestes läßt sich feststellen, wenn man weiß, in welchen Jahren die Kreuzigung erfolgt sein kann. Dafür kommen nur die Jahre 30 bis 33 n. Chr. in Betracht. Davon scheiden die Jahre 31 bis 33 aus, so daß nur noch das Jahr 30 übrigbleibt. Da

das Neulicht (der 1. Nisan) damals auf den 24. März
fiel, so entsprach der 15. Nisan dem 7. April 30 n. Chr.
An diesem Tage war Vollmond; eine Sonnenfinsternis konnte deshalb nicht stattfinden. Die Evangelisten Matthäus, Markus und Lukas berichten aber
nur, daß von der 6. bis zur 9. Stunde eine Finsternis
über dem Land lag, und Lukas ergänzt: „Und die
Sonne verlor ihren Schein." Dies konnte durch dichte
Wolken verursacht sein. Da auch der Vorhang im
Tempel zerriß, kann Sturm oder Unwetter geherrscht
haben. Wenn diese Verfinsterung später als Sonnenfinsternis gedeutet wurde, so mag die Erinnerung an
die schreckliche Finsternis am 24. November 29
n. Chr. mitgewirkt haben. Damals trat eine vollständige
Finsternis mittags in Syrien ein, die in Jerusalem noch
sehr eindrucksvoll gewesen sein muß. Gewiß lagen
mehr als 4 Monate zwischen dieser Finsternis und der
Kreuzigung. Jedoch hat ein solcher Zeitunterschied
in der Sterndeutung nie eine Rolle gespielt.

Das Christentum übernahm vom Judentum die
heiligen Zahlen 4, 7 und 12: die 4 Weltecken und Evan-
gelien und die 12 Propheten und Jünger, ferner die
7 Leuchter, Kirchen, Geister, Sterne und Wochentage. Die Tore des jüdischen Tempels zeigten nach
den Himmelsrichtungen. Der lange babylonische Vorhang im Tempel zeigte die Farben der 4 Elemente,
während seine Stickerei den ganzen Himmel — außer
dem Tierkreis — darstellte. Auch die christliche Gra-
beskirche in Jerusalem beachtete die Himmelsrichtungen. Sie war rund mit 2 Eingängen von Osten her.
Im äußeren Umgang zeigten 3 Nischen mit ihren Al-
tären nach Norden, Westen und Süden. Ins Aller-
heiligste führte ein Eingang von Osten her. Innen befindet sich das Grab von Westen nach Osten, mit der
Blickrichtung nach Osten. Also auch hier eine Betonung der heidnischen Sonnenverehrung. Frühe christliche Kirchen, wie die Johanneskirche in Ephesus des

2. Jahrhunderts, die Brotvermehrungskirche Tabgha
am See Genezareth, der Dom und die Liebfrauen-
kirche zu Trier des 4. Jahrhunderts, sind geostet, d. h.
der Gläubige schaut über den Altar nach Osten.

Folgenschwer war der Entschluß Konstantins des
Großen im Jahre 335, das Geburtsfest Christi vom
6. Januar auf den 25. Dezember zu verlegen und Christus an die Stelle des Sonnengottes, dessen Feier am
25. Dezember stattfand, zu setzen. Demgemäß fängt
Christus wie der Sonnengott zur Winterwende und
sein Gegenspieler Johannes der Täufer zur Sommerwende zu wirken an. Nunmehr begann ein langwie-
riger Kampf der Kirche gegen den zunehmenden Einfluß der Sterndeutung. Verbote der Konzile konnten
wohl vorübergehend die Beachtung der Regeln über
Unglückstage oder über den Einfluß der Planeten,
besonders des Neumondes, einschränken. Eine Unter-
drückung war nicht möglich. Bereits Augustinus
hatte wohl erklärt, daß die Sterne gegen die Allmacht
Gottes und den freien Willen der Menschen nichts
vermögen, jedoch einen Einfluß der Sterne auf die
Welt unterhalb des Mondes, ferner einen Einfluß der
Sonne auf die Jahreszeiten und einen Einfluß des
Mondes auf die Gezeiten und auf das Wachstum man-
cher Tiere zugestanden. Sein Verhalten macht verständlich, daß die Sterndeutung nur wenig bekämpft
wurde. Und so kam es, daß zur gleichen Zeit, als die
Kirche das Abwarten des Neumondes für die Hochzeit und den Hausbau verbot, Karl der Große und
sein Sohn Ludwig aus Himmelsereignissen auf ihren
baldigen Tod schlossen und ottonische Kaiserinnen
auf ihren Prunkkästen die 12 Tierkreiszeichen über
den 12 Aposteln hatten, gleichsam als ob eine Beziehung zwischen Apostel und Zeichen bestehe. Und
auf einer karolingischen Kreuzigungsgruppe sehen
wir Sonne und Mond nicht durch trauernde Köpfe,
sondern durch den heidnischen Sonnengott Sol auf

seinem Streitwagen und durch die heidnische Mondgöttin Luna auf ihrem von Kühen gezogenen Wagen
dargestellt. Andererseits wird Maria als Polstern
(Stella maris) und Morgenstern (Stella matutina) den
Sternen gleichgestellt. Als wichtiges Beispiel der
unbefangenen Verwendung christlicher und heidnischer Vorstellungen möge der Sternenmantel Kaiser Heinrichs erwähnt werden. Dieser wohl für die
Krönung im Jahre 1014 geschaffene Prunkmantel
⟨67⟩ zeigt nebeneinander christliche Figuren und
die Figuren der antiken Sternbilder und des Sternhimmels und sollte an die antike Vorstellung erinnern,
daß der Kaiser als Herr der Welt einen Sternenmantel trägt, wie manche heidnische Himmelsgötter.
Erstaunlich ist dabei, daß zwei Hinweise auf die
Beziehung des Mondes zum Krebs und auf den Skorpion nur astrologisch zu verstehen sind ⟨339⟩ — gewiß
eine Merkwürdigkeit auf dem Krönungsmantel eines
christlichen Kaisers! Seitdem ist die Sterndeutung
im Vordringen. Im 12. Jahrhundert zeigt sich dies
in den Tolederbriefen und in den Horoskopen, die
auf christlichem Boden gestellt wurden.

Die Tolederbriefe mit ihren Vorhersagen auf Grund
der Zusammenkunft aller Planeten in einem Zeichen
oder die Vorhersagen, die von der Zusammenkunft
zweier Planeten ausgingen, haben nicht wenig Angst
und Schrecken verbreitet, aber auch die Wissenschaft
gefördert. Die christlichen Gelehrten lernten die überlieferten Planetentafeln verwenden, um selbst die
Angaben der Tolederbriefe nachzuprüfen; sie ent-
deckten die Fehler der Tafeln und fanden aus der
Beobachtung der Planeten, daß die ptolemäischen
Grundlagen nicht mehr genügten. Sie lernten dabei
den Himmel mit seinen Sternbildern kennen und
mit eigenen Instrumenten den Ort der Planeten
bestimmen. Die Tolederbriefe und die anderen Vorhersagen auf Grund der Zusammenkünfte einiger

Planeten hatten auch den Vorteil, daß die Gelehrten
sich veranlaßt fühlten, darauf zu achten, ob die Vorhersagen eintrafen. Besonders haben die seit dem
15. Jahrhundert häufigen Vorhersagen die Aufmerksamkeit auf die Wetterbeobachtung gelenkt und zum
Aufzeichnen des Wetters geführt; denn man wollte
sich überzeugen, ob die Wettervorhersage, die in
den jährlichen Vorhersagen die Hauptrolle spielte,
richtig sei. So berichtete Pico della Mirandola vor
1494: ,,Einen Winter lang beobachtete ich in meinem
Landhause, in dem ich dieses Werk verfaßt habe,
genau das Wetter der einzelnen Tage und hatte dabei
die Angaben der Sterndeuter vor mir liegen. Möge
das Schicksal mich strafen, wenn ich nicht die Wahrheit spreche: an mehr als 130 Tagen stellte ich meine
Beobachtungen an, und nicht mehr als 6 oder 7 Tage
zeigten wirklich das Wetter, das ich in den astrologischen Büchern gefunden hatte" ⟨196, S. 261⟩.

Anders war es mit den Horoskopen. Wie wir bereits
gesehen haben, ließ die verschiedene Einteilung der
Häuser, der Bewertung der Planeten und Zeichen
dem Sterndeuter die Möglichkeit zu ganz verschiedenen Deutungen des Horoskopes, dessen Zahlen
sich überdies änderten, je nachdem der Sterndeuter
die oder jene Planetentafel benützt hatte. Wenn
der Sterndeuter nicht von der Geburt ausging, deren
Zeit nachträglich verbessert werden durfte, sondern
von der Empfängnis, so kam eine neue Willkür hinzu.
Darüber gab es eine Auseinandersetzung im Sommer
1467 vor König Mathias Corvinus von Ungarn, und
zwar zwischen dem königlichen Sterndeuter Martin
Ilkusch und dem Magister Johann von Glogau aus
Krakau ⟨19⟩. Es handelte sich darum, wann der
am 26. April 1467 geborene Sohn des Grafen von
Rosgon erzeugt worden war. Ilkusch hatte aus dem
Mondstande zur Geburtszeit berechnet, daß der Sohn
am 17. Juli 1466 erzeugt worden sei. Diese Berech-

nung bestritt Johann von Glogau entrüstet und
wies nach, daß man dafür vom letzten Vollmond
vor der Geburt ausgehen und somit den 18. Juli 1466
errechnen müsse. Jeder der beiden Gegner hatte
seinen Gewährsmann: Johann den Ptolemäus und
Ilkusch den Hermes. Da sich der Vater nicht dazu
geäußert hatte, wann er seinen Sohn erzeugt hatte,
so unterblieb die Nachprüfung durch die Beobachtung, und so endete erfolglos diese Auseinandersetzung,
die immerhin dem Johann von Glogau 100 Gulden
einbrachte ⟨331, S. 108⟩. Viel später stellte Georg
Rollenhagen fest, daß die Regel des Hermes nicht
stimme, wie aus den Tagen der Zeugung und Geburt
verschiedener Kinder hervorgehe ⟨336, S. 36⟩.

Die Unsicherheit der Deutung der Horoskope führte
zur Anlage großer Sammlungen von Horoskopen
aller Art seit dem Ende des 15. Jahrhunderts. Zur
bequemen Benützung sind einige nach Ständen oder
nach dem Sonnenstand geordnet. Manche enthalten
nicht nur das Horoskop, sondern auch die Lebens-
umstände der Menschen, für die das Horoskop gilt.
Die Planeten sind dabei immer berücksichtigt, selten
Sterne wie Algol oder Alhabor. Das Berechnen von
Horoskopen hörte im 17. Jahrhundert fast überall
auf.

Die Tolederbriefe und Horoskope hätten dem
Christentum nicht sehr schaden können. Sie konnten
als lästige Beigaben der Übernahme antiken und
arabischen Wissens gelten, wenn auch die Anwendung der Sterndeutung der kirchlichen Lehre von der
Willensfreiheit der Menschen widersprach. Gefährlich
wurde es erst dann, als der Glaube entstand, daß die
Hauptpersonen des christlichen Glaubens dem Einfluß
der Sterne unterstehen und daraus für die Kirche Fol-
gerungen gezogen wurden. Der Araber Albumasar
hatte das Entstehen des Christentums durch eine
große Zusammenkunft der Planeten im Zeichen der

Jungfrau erklärt und seinen Untergang für die Zeit nach 1460 vorhergesagt. Im 12. Jahrhundert war es Bernhard Sylvester und später Roger Bacon, welche Christus unter die Macht der Sterne stellten und auch seine Geburt durch die Stellung der Sterne veranlaßt glaubten.

Der wachsende Einfluß der Sterndeuter in Italien rief ihre Gegner auf das Feld. Petrarca wandte sich an sie mit den Worten: „Warum erniedrigt ihr Himmel und Erde und narret vergeblich die Menschenkinder? Warum belastet ihr die leuchtenden Sterne mit euren nichtigen Gesetzen? Warum macht ihr uns, die Freigeborenen, zu Sklaven der gefühllosen Sternhimmel?" Und Heinrich von Langenstein beurteilte die Deutungen der Zusammenkünfte mit den Worten: Man könne alles vorausberechnen. Es sei ein Zufall, wenn die Vorhersage eintreffe.

Italienische Fürsten hielten sich ihre Sterndeuter. Die Abreise fürstlicher Personen, der Empfang fremder Botschafter, der Beginn von Kriegen und die Grundsteinlegung öffentlicher Bauten ⟨37, II, S. 243, 371—73⟩ wurde nach dem Stande der Sterne vorgenommen. Noch jetzt zeigen die Pazzikapelle und die Sakristei von S. Lorenzo zu Florenz mit der Himmelschau an ihren Decken die Zeit der Schlußsitzung des Konzils, das am 6. Juli 1436 die Union der römischen und griechischen Kirche beschloß ⟨301, I, S. 172, 367⟩. Die meisten italienischen Feldherrn gehorchten dem Rat ihrer Sterndeuter, wie später Wallenstein und in unserer Zeit Hitler und seine Spießgesellen. Das Schloß Salone in Padua und das Schloß Schifanoja in Ferrara wurden mit astrologischen Bildern geschmückt ⟨302⟩. Auch Kirchenfürsten konnten sich diesem Einfluß nicht entziehen. Seit dem 13. Jahrhundert gab es Kardinäle und Bischöfe, die sich mit Sterndeutung befaßten. Papst Innozenz VIII. erkundigte sich bei einem Sterndeuter

wegen seiner Krankheit; Papst Julius II. befahl, die
günstige Zeit für seine Krönung und für seine Rückkehr aus Bologna aus den Sternen zu ersehen. Zur
Zeit des Papstes Leo X. blühte die Sterndeutung.
Sein Horoskop wurde berechnet, und zwar so gut,
daß die Ereignisse seiner Regierung beinahe auf den
Tag vorhergesagt worden seien. Und Papst Paul III.
ließ die Stunde für die Abhaltung von Konsistorien
durch die Sterndeuter angeben. Dies war die Zeit,
als in Deutschland Luther die Sterndeutung ver-
dammte und sein Mitarbeiter Melanchthon sie unter-
stützte.

Wenn die Häupter der christlichen Kirchen sich
ihr Tun derart von den Sterndeutern bestimmen
ließen, so war es nicht verwunderlich, wenn der
gewöhnliche Christ gern nach dem Kalender mit
den Vorhersagen über Weltgeschehen, Gesundheit
und Wetter griff und bei der Geburt seines Kindes
aus den vielen Regeln das Schicksal seines Kindes
zu erfahren suchte. Alles: den Antritt einer Reise,
Säen oder Haarschneiden glaubte man dem Einfluß der Sterne unterworfen. Die richtige Zeit des
Aderlassens schrieb man der Stellung des Mondes
in den Zeichen zu und zeichnete sich dazu die Figur
eines Menschen mit den Zeichen und ihren Beziehungen (Tafel IX). Das Geschäft mit Kalendern und Vorhersagen, auch Praktiken oder Prognostica genannt,
blühte. Gewiß bestand nur noch ein geringer Unterschied zwischen diesen Christen und den Römern
um Christi Geburt. Von Willensfreiheit war kaum
noch die Rede. Da — zur Zeit der größten Vorliebe
für die Sterndeutung — trat ein Umschwung ein.
Er zeigte sich in der Kritik der Überlieferung; dies
geschah schon im 14. Jahrhundert, als Heinrich
von Langenstein und Magister Julmann nachwiesen,
daß die ptolemäischen Bahnformen der Planeten
nicht richtig seien, weil sie der Beobachtung wider-

sprachen. Die Beobachtung wurde gegen die Theorie und die Überlieferung ins Feld geführt. Schließlich kam es zur coppernicanischen Lösung: die Erde wurde als ruhender Mittelpunkt der Welt entthront und zur Begleiterin der Sonne gemacht. Die Sonne wurde in ihre Rechte eingesetzt. Dies hatte ein völliges Durcheinander im Geistigen zur Folge. Der Mensch, der bis dahin gewohnt war, das himmlische Geschehen wie ein Schauspiel von seinem Sitzplatz zu betrachten und wie im Theater den Planeten zuzusehen oder ihre Zurufe zur Kenntnis zu nehmen oder sich danach zu richten — dieser Mensch sah sich jetzt mit seiner kleinen Erde in das Weltgeschehen hineingestellt. Das war keine Theateraufführung mehr; sondern das war wie auf einem Platze, wo Menschen und Wagen hin und her gehen und keine Ruhe herrscht. Die Maßstäbe änderten sich: die Erde schrumpfte zusammen; die Sonne wuchs ins Riesige; der Sternenhimmel, der wie eine Abschlußwand gewirkt hatte, vor der sich der Lauf der Gestirne abspielte, dieser Himmel löste sich in nahe und ferne Sterne auf. Die Milchstraße war nicht mehr das malerische Himmelsband, sondern zeigte sich im Fernrohr als Anhäufung vieler Sterne. Sterne leuchteten auf und verschwanden. Alles hatte sich geändert. Es gab keine Ruhe mehr. Und damit verlor die Sterndeutung ihre Grundlage. Und dann die Ergebnisse der Beobachtung: Wie sollte man sich den Saturn noch als alten Mann oder als Verbrecher vorstellen, wenn das Fernrohr eine leuchtende Scheibe, umgeben vom leuchtenden Ring und umkreist von Monden, zeigte? Wie sollte man im Horoskop den Einfluß der Sonne und der Planeten richtig einschätzen, wenn die Beobachtung die Sonne als riesige Wärmequelle und die Planeten als kleine Spiegel der Sonne erwies? Die Sterndeutung bedeutete keine Gefahr mehr für das Christentum.

9.

Beobachtung und Erklärung
der Himmelsvorgänge

Die Beobachtung der Himmelsvorgänge wird dadurch erschwert, daß der Beobachter nicht an die Himmelskörper herangehen und sie untersuchen kann. Selbst das Fernrohr bringt die Gegenstände nur näher. Trotzdem bleiben sie unnahbar. Dies unterscheidet seine Tätigkeit von der des Physikers oder Chemikers, der Erforscher der Tier- und Pflanzenwelt und der Erde. Dazu kommt, daß die Himmelsvorgänge zu ihrer Erforschung einen klaren Himmel verlangen und daß die blendende Helligkeit der Sonne es unmöglich macht, lichtschwache Himmelskörper zu beobachten, solange sie am Himmel steht. Der Mensch hat daher mit viel größeren Schwierigkeiten zu kämpfen, bevor er die Himmelsvorgänge zu deuten und zu erklären versucht. Dazu kommt, daß der Himmel von Tag zu Tag einen anderen Anblick bietet. Die Sterne und Sternbilder gehen täglich früher auf, und das Wandern der Planeten vermehrt noch das Durcheinander, wozu die rätselhafte Erscheinung des Mondes mit seinem Entstehen und Vergehen tritt. Es ereignet sich am Himmel so viel, daß der Mensch ein Geheimnis dahinter vermutet und die Vorgänge zu deuten sucht. Andere wie Goethe betrachten die Sterne mit anderen Augen und dichten:

> „Die Sterne, die begehrt man nicht,
> Man freut sich ihrer Pracht,
> Und mit Entzücken blickt man auf
> In jeder heitern Nacht."

Diese Freude am Sternhimmel und die Achtung vor den Himmelsvorgängen treiben die Menschen zu den Sternwarten und verschaffen diesen eine Anziehung, wie sie den Erd- und Wetterwarten und den Instituten für Chemie und Physik nicht zukommt.

Die Himmelsvorgänge zu erklären, fiel dem Menschen schwer, weil die Sterne wohl ihre Bahn am Himmel beibehalten, aber die Planeten andere Bahnen verfolgen. Er wurde sich allmählich bewußt, daß die Beziehung der Vorgänge auf die Erde als Bezugsebene ihm nicht viel diente, daß vielmehr am Himmel verschiedene besondere Kreise zu unterscheiden sind. Er kam also zur Unterscheidung des Horizontes, des Äquators und des Tierkreises als der 3 maßgebenden Kreise und der entsprechenden Himmelskoordinaten. Noch später wurde er gewahr, daß damit noch nicht alle Schwierigkeiten beseitigt waren. Jahrhundertlange Beobachtung ließ ersehen, daß sich die Sonnenbahn im Tierkreis zu den Sternen und zum Äquator langsam verschob, so daß eine neue Unsicherheit hinzukam. Und so führten neue Beobachtungen zu neuen Feststellungen und zu neuen Erklärungen.

Aus seiner irdischen Erfahrungswelt nahm der Mensch Vorstellungen, die ihm zu Erklärung der Himmelsvorgänge geeignet erschienen. Finsternisse konnte er sich nur dadurch deuten, daß ein Ungeheuer, ein Drache oder ein anderes Tier Sonne oder Mond verschlingt. Um den Sternhimmel über der Erde zu verstehen, dachte er sich auf der flachen Erdscheibe ein ungeheures Zelt aufgestellt, dessen 4 Pfosten den 4 Himmelsrichtungen entsprachen und dessen Flächen mit Sternbilder bedeckt waren. Später erklärte er das Kreisen der Sterne durch das Kreisen der Töpferscheibe, an deren Achse einzelne Bänder mit den Planeten befestigt sind. Schließlich kam er zur Vorstellung einer im Raum ruhenden Erdkugel, umkreist von den Sphären der Planeten und zuäußerst vom Sternhimmel als einer Kugel. Dabei lag immer die Vorstellung zugrunde, daß die Himmelskörper Kugeln sind und daß ihre Bewegung nur kreisförmig und gleichförmig sein kann. Erst die Tat des deutschen Domherrn Coppernicus — die Sonne und nicht die Erde zum Mittelpunkt der Planetenbewegung zu nehmen — schuf die Möglichkeit, die elliptische Bahnform und die Abplattung der Himmelskörper einzuführen und nachzuweisen. Damit war die Herrschaft des Kreises und der Kugel gebrochen. Der Mensch konnte nunmehr mit anderen mathematischen Vorstellungen an die Erklärung der Himmelsvorgänge herangehen.

Die Unnahbarkeit der Himmelskörper erklärt nicht nur die Schwierigkeit, ihr Wesen zu untersuchen, sondern läßt auch verstehen, warum selbst primitive Deutungen der Himmelsvorgänge eine erstaunliche Lebenskraft besitzen. Bei dem Versuche, ein Netz von Beziehungen zwischen Planeten und Tierkreiszeichen einerseits und den irdischen Vorgängen andererseits zu schaffen, schreckte man vor der Entstellung der Beobachtung nicht zurück. Man trug kein Bedenken, die Planeten Merkur und Venus sich so weit von der Sonne entfernt zu denken, wie es in Wirklichkeit nie der Fall sein kann. Ebenso war es mit der Reihenfolge der Planeten als Stundenherrscher. Einem Schema zuliebe wurden die Verhältnisse entstellt. Der Zwang, die alten Denkwege zu benützen, ist so groß, daß die Ergebnisse der modernen Erforschung des Sonnenalls, besonders der Planeten, nicht beachtet werden. Wer überzeugt ist, daß der Vollmond das Wetter ändert oder ein Messer rosten läßt, dem hilft kein Hinweis auf die Beobachtung. Er gleicht einem Menschen, der mit Pfeil und Bogen gegen einen Panzer vorgeht.

Nur die Beobachtung läßt den Menschen die Him-

melsvorgänge erkennen. Wenn der Mensch den Mondwechsel zur Zeitteilung verwendete und dann dazu
gelangte, aus dem Lauf von Sonne und Mond die Zeit
künftiger Finsternisse vorauszuberechnen, so war
dies nur möglich, wenn das Neulicht, der Beginn des
Mondwechsels, beobachtet wurde, wie es noch jetzt
in den islamischen Ländern üblich ist, und aus den
Beobachtungen die Formeln für die Vorhersagen abgeleitet wurden. Auf solchen Beobachtungen des
Sonnen- und Mondlaufes beruhen die Verbesserungen
des römischen und christlichen Kalenders, wodurch
der Julianische und der Gregorianische Kalender entstanden.

Andere Beobachtungen betrafen den Wandel der
Planeten und waren wichtig, da schon seit alter Zeit
der Lauf der Planeten in Beziehung zum Schicksal
der Länder und Menschen gebracht worden war.
Schließlich kam es zur Ortsbestimmung der Sterne,
die durch Hipparch zur Herstellung eines Sternverzeichnisses vollendet wurde. Damit war im Altertum
die Grenze des Erlaubten überschritten. Bereits Sokrates hatte gewarnt, die Planetenbewegung zu untersuchen; trotzdem folgte man dieser Warnung nicht.
Aber die Örter der Sterne zu messen, das galt als
gottwidrig. Weiter wagte sich sogar die griechische
Wissensbegier nicht. Es blieb einer anderen Zeit, die
nach der Völkerwanderung in Westeuropa begann,
vorbehalten, durch Beobachtungen einen tieferen
Einblick in das Himmelsgeschehen zu erhalten. Die
Beobachtung bekam eine andere Bedeutung. Instrumente und später Sternwarten wurden zur Verbesserung der Beobachtungen gebaut. Es galt als selbstverständlich, durch Beobachtung die Geheimnisse
des Himmels zu enthüllen. Wenn dies auch erst seit
Regiomontans Zeit geschah, so zeigten sich die Anzeichen schon früher. In Regensburg entstand im
11. Jahrhundert, als Wilhelm von Hirsau im Kloster

St. Emmeram seine Schüler in die Kenntnis des Himmels einführte, das schöne Lehrgerät (Tafel X), das auf einer Säule einen knieenden Jüngling zeigt, wie er die Polgegend beobachtet, indessen auf der Kehrseite der senkrechten Scheibe die Weltachse und die wichtigsten Kreise des Himmels im Querschnitt zu sehen sind, damit der Schüler sich über ihre Lage am Himmel unterrichten kann. Auch in Regensburg, und zwar auf der im 12. Jahrhundert erbauten Brücke, ist die Figur eines zur Sonne schauenden Jünglings zu sehen. Mit ihm beginnt die Reihe der Sonnengucker (329 a), wie sie noch in Straßburg und Ruffach zu sehen sind. Die Beobachtung der Sterne begann die Deutung der Sterne abzulösen.

10.

Die neue Sternschau

Sie begann mit einer Fälschung. Coppernicus hatte, um seine Beobachtungen seiner Theorie anzupassen, verschiedene nachträglich geändert, auch die Nürnberger Beobachtungen Merkurs ⟨334a⟩. Dabei befand er sich in Übereinstimmung mit seinen Zeitgenossen. War es nicht üblich, bei den Geburtsdeutungen die Geburtszeit so weit zu verschieben, bis einige Lebensereignisse sich aus dem Horoskop herauslesen ließen? Und begünstigte die Renaissancezeit nicht solches Vorhaben? Wenn sich in den Stätten der Gelehrsamkeit die Mädchen am Brunnen in lateinischer Sprache begrüßten, wenn einige Deutsche ihren Namen so ins Lateinische oder Griechische übersetzten, daß ihr deutscher Name nicht mehr festzustellen ist wie bei Dasypodius und Clavius, war das nicht eine Entstellung der Tatsachen? Und wenn Coppernicus das Muster aller Wissenschaft, das „Handbuch der Astronomie" des Ptolemäus, sich vornahm, konnte ihm verborgen bleiben, daß dieser berühmte Sternforscher aus seinen Beobachtungen oft Zahlen errechnete, die nur verständlich sind, weil sie seine Theorie bestätigen sollten? Jedoch war Coppernicus kein Ptolemäus. Er befand sich in einem Zwiespalt: einerseits die Erkenntnis, daß die Anpassung der Beobachtungen an die Theorie dem Ptolemäus nicht vorgeworfen werden konnte, wenn Coppernicus das gleiche tat, und andererseits der Wunsch, seine umwälzenden Gedanken allgemein bekanntzumachen. Er zögerte damit und suchte durch neue Beobachtungen eine bessere Grundlage für seine Theorie zu schaffen. Bekanntlich hinderten ihn sein Streit mit dem Bischof Dantiscus und seine Krankheit an der Durchführung seines Planes. Sein Werk wurde in unvollendetem Zustande veröffentlicht. Der junge Kepler wies auf die Mängel mit folgenden Worten hin: „Wie menschlich aber Coppernicus selbst in der Übernahme irgendwelcher Zahlen ist, die bis zu einer gewissen Grenze seinem Wunsche entgegenkommen und seinem Vorhaben dienlich sind, das kann der fleißige Leser des Coppernicus leicht nachprüfen. ... Die Beobachtungsergebnisse der Walther, Ptolemäus u. a. wählt er so aus, daß sich die Rechnung um so bequemer gestaltet, weswegen er kein Bedenken trägt, bisweilen bei der Zeit Stunden, bei den Winkeln Viertelgrade und mehr zu vernachlässigen oder zu ändern. ... Vieles, was nach seinem eigenen Geständnis verbesserungsbedürftig gewesen wäre, entnimmt er völlig ungeändert Ptolemäus und nimmt in anderen ähnlichen Fällen Änderungen vor, und so hat er die Grundlage zur neuen Astronomie gelegt." (151, Kap. 18.) Nicht umsonst hat Kepler darüber nachgedacht. Die Erinnerung daran mochte ihn dazu treiben, einwandfreie Beobachtungen, wie Brahe sie gemacht hatte, nicht zu vergewaltigen, sondern ihnen die Theorie anzupassen. Das Ergebnis seiner schweren Arbeit waren seine Gesetze der Planetenbewegung.

Gleichzeitig mit Keplers Ringen um eine neue Darstellung der Planetenbewegung geschah die große Erweiterung des menschlichen Blickfeldes durch die Erfindung des Fernrohres. Dadurch wurde die Linse, die früher als Schmuckstück oder als Lupe gedient hatte, zum wichtigen Hilfsmittel, um entfernte Gegenstände näher heranzuziehen. Ihr Nutzen für die Sternforschung wurde binnen weniger Jahre offenbar. Die Entdeckung der Jupitermonde, der Mondberge, der Sichelgestalt der Venus, der merkwürdigen Ge-

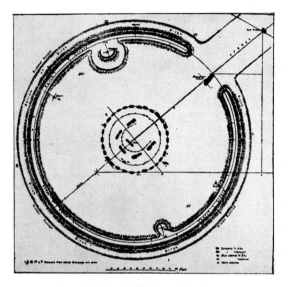

Grundriß des Heiligtums Stonehenge

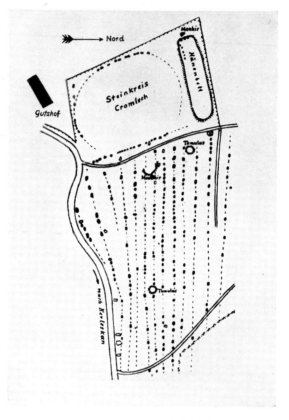

Steinallee mit Steinkreis bei Kerleskan

stalt Saturns und der Sonnenflecken, die Auflösung
der Milchstraße in Sterne, alles dies war wohl kein
Beweis für die Richtigkeit der coppernicanischen
Lehre, aber ein Anzeichen dafür, daß die Natur viel
formenreicher war, als bisher angenommen wurde.
Der Blick durchs Fernrohr bot den Menschen — und
es waren vorerst nur die Bewohner Westeuropas —
die Möglichkeit, den Himmel und die Himmelsvorgänge ganz anders kennenzulernen, als es mit bloßem
Auge der Fall war. Und dabei war das Fernrohr ein
Werkzeug, dessen Verwendung sich beliebig steigern
ließ. Dazu kam die Verwendung des Spiegels für Beobachtungen, die später eine immer größere Rolle
spielen sollte. Ein weiterer Fortschritt war die Verwendung der Photographie. Erst dadurch wurde es
möglich, eine gleichmäßige Grundlage für Forschungen jeder Art zu schaffen — eine Grundlage, die jeder-
zeit nachgeprüft und untersucht werden kann. Dadurch wurden viele Untersuchungen über veränder-
liche Sterne oder die Verteilung der Sterne, besonders
aber über das Aufleuchten neuer Sterne durchführbar.
Die Untersuchung entfernter Gegenstände, wie man-
cher Sternhaufen, Nebel und Spiralnebel, ist ohne Aufnahmen nicht möglich.

Der Astronom kann, im Unterschied zu anderen
Naturwissenschaftlern, die Gegenstände seiner Untersuchung, nämlich die Himmelskörper, nicht einer
Untersuchung oder einem Experiment aussetzen. Er
muß sich auf die Untersuchung des Lichtes verlassen,
das die Sterne ihm zusenden, und versuchen, durch die
Wahl geeigneter Beobachtungsstätten und geeigneter
Instrumente diese Untersuchungen möglichst er-
gebnisreich zu machen. Zugleich will er aus seinen Beobachtungen möglichst viel herausholen.
Dazu konnte das frühere Verfahren nicht mehr genügen, als man aus den Beobachtungen die auswählte,
die am besten zur Theorie paßten. Dies war noch bis

zum 17. Jahrhundert der Fall. Nunmehr wurde ein
anderes Verfahren gewählt. Aus der Wahrscheinlich-
keitslehre entwickelte man die Verfahren, um viele
Beobachtungen zu verwenden und zur Ableitung bes-
serer Ergebnisse zu benützen. Auf diese Weise gelang es im 19. Jahrhundert, die Ortsbestimmung der
Planeten wesentlich zu verbessern. Zugleich wurden
die Verfahren, die Instrumentenfehler auszuschalten
oder ihren Einfluß zu berücksichtigen, verfeinert. Besonders wichtig war es, die Eigentümlichkeiten des
Beobachters zu berücksichtigen. Es zeigte sich, daß
diese Eigentümlichkeiten die Beobachtungen in verschiedener Weise veränderten. Bessel war der erste,
der darauf hinwies und nachwies, daß Maskelyne zu
Unrecht seinen Mitarbeiter einer Nachlässigkeit be-
schuldigt hatte, weil er das Verschwinden eines Sternes hinter einem Faden zu einer anderen Zeit beobachtet hatte als Maskelyne selbst. Bessel konnte zeigen, daß jeder Beobachter diesen Zeitpunkt anders
angibt, daß also die ,,persönliche Gleichung" für jeden
Beobachter verschieden ist. Genaue Beobachtungen
ließen erkennen, daß dieser Betrag auch von der
Helligkeit des Sternes abhängt. Ihre Berücksichtigung erforderte besondere Maßnahmen. Ähnlich war
es auch beim Beobachten von Doppelsternen.

Eine besondere Bedeutung spielen die Eigentümlichkeiten des Sehens bei den Helligkeitsangaben der
Sterne. Wenn die Griechen die hellsten Sterne als
Sterne 1. Größe und die schwächsten Sterne als
Sterne 6. Größe bezeichneten, so lag diesen Angaben
keine Messung, sondern nur die Erfahrung zugrunde,
daß die Sterne 1. Größe in der Dämmerung zuerst
sichtbar sind, aber die Sterne 6. Größe erst dann,
wenn die Dämmerung verschwunden ist und alle
Sterne sichtbar sind. Als man im 19. Jahrhundert
daranging, die Helligkeit der Sterne zu messen und
die gemessene Lichtstärke mit den geschätzten Grö-

ßen zu vergleichen, zeigten sich bemerkenswerte Beziehungen zwischen den Lichtstärken und den Schätzungen, wie sie Weber und Fechner früher zwischen anderen Sinnesempfindungen und Reizen gefunden und durch ihr Reizempfindungsgesetz dargestellt hatten. Eingehende Untersuchungen auf Grund sehr vieler Beobachtungen ließen ersehen, daß dabei sowohl die Farbe wie auch die Helligkeit des Sternes eine Rolle spielt. Zugleich ergaben sich dabei manche merkwürdige Verhältnisse. Es zeigte sich, daß die Beobachter, die viele Jahre lang die Helligkeit der Sterne beobachteten, sich nicht immer gleichmäßig verhielten, sondern daß ihr Auge zuerst wenig empfindlich ist, daß die Empfindlichkeit rasch durch Übung zunimmt, dann jahrelang gleichgroß bleibt und erst im Greisenalter rasch absinkt. In den Fällen, wo 2 Beobachter gleichzeitig an den Messungen beteiligt waren, zeigte sich bei 2 Beobachterpaaren der genialere und führende Beobachter als farbenempfindlicher und weniger genau gegenüber der gleichmäßigeren Tätigkeit des Mitbeobachters, gleichsam als ob im genialeren Menschen ein immer neues Sichanpassen an den Beobachtungsgegenstand und ein tastendes Suchen zutage tritt ⟨332, S. 261⟩. Dieser Erforschung der Himmelsvorgänge und des Beobachters selbst verdankt die Astronomie ihre Erfolge und ihren Ruf. Dies wurde erreicht, obwohl die Beobachtungsumstände in den Ländern, wo die Astronomie am meisten gepflegt wird, nicht besonders gut sind. Die häufige Bewölkung und das störende Licht der Städte erschweren die Arbeit oder machen sie unmöglich. Und so kam es, daß viele große Fernrohre veralteten, bevor sie richtig ausgenützt worden waren. Deshalb lag es nahe, Forschungsanstalten zu bauen, die sich nur der Erforschung der Himmelsvorgänge widmen und dazu so günstig wie möglich liegen. In Deutschland wurden als solche Forschungsanstalten das Astrophysikalische Observatorium in Potsdam und die Remeis-Sternwarte in Bamberg errichtet. In den Vereinigten Staaten konnte man im Vertrauen auf großzügige Spenden andere Wege beschreiten. Auf hohen Bergen errichtete man Sternwarten und konnte dadurch dem Dunst der Niederung und der störenden nächtlichen Beleuchtung entgehen; zugleich ist die Ausnützung der klaren Nächte viel größer, weil der Himmel wolkenlos ist. Zur Beobachtung der Vorgänge am südlichen Himmel wurden ähnliche Sternwarten in Südamerika und Südafrika erbaut. Dieses amerikanische Beispiel blieb nicht ohne Nachahmung, und so kam es, daß überall Forschungssternwarten entstanden und der Gedanke sich durchsetzte, daß für die Sternforschung die besten Beobachtungsstätten gesucht werden müssen. Besonders ist dies nötig, wenn es sich darum handelt, vollständige Sonnenfinsternisse zu beobachten; da sie nur auf einem kleinen Streifen der Erdoberfläche sichtbar sind, so wurde auf die Auswahl des Ortes und der geeigneten Fernrohre großer Wert gelegt, besonders seitdem Einsteins Relativitätstheorie den Nachweis verlangt, daß das Licht der Sterne beim Vorübergang an der Sonne abgelenkt wird.

Die Sternforschung gedeiht am besten, wenn die Himmelsvorgänge nicht nur an einem Ort, sondern an möglichst vielen Orten der Erde beobachtet werden. Bereits die alten Beobachtungen der Chinesen und Japaner ergänzten sehr die europäischen Beobachtungen. Jetzt ist dies noch notwendiger. Und so kam es, daß die Astronomen seit dem 17. Jahrhundert gewöhnt sind, sich auf bevorstehende wichtige Himmelsvorgänge wie den Durchgang Merkurs durch die Sonnenscheibe oder auf das neue Aufleuchten des Wundersternes im Walfisch aufmerksam zu machen. Die Sternwarten stehen untereinander im Verkehr und tauschen ihre Veröffentlichungen aus. Und so groß

ist das Gefühl der Zusammengehörigkeit, daß selbst
die beiden Weltkriege diese Zusammenarbeit nicht
aufzuheben vermochten und die Astronomen der
kriegführenden Völker nicht aufhörten, sich ihre Arbeiten zuzusenden und Grüße auszutauschen. Auf
wissenschaftlichen Tagungen kommen die Sternforscher zusammen, um wichtige Fragen der Wissenschaft zu erörtern und gemeinsame Arbeiten anzu-
regen. Allerdings hatte über den gemeinsamen Arbeiten meistens kein günstiger Stern geschwebt. Man-
cher erklärt sich zur Mitarbeit an einem Unternehmen bereit und vermag dann sein Versprechen nicht
zu erfüllen. Das hatte bereits Bessel erfahren, als er
das große Unternehmen der Berliner Sternkarten
vorbereitete und durchführen wollte. Sein Briefwechsel ⟨34⟩ läßt deutlich erkennen, wie bald die Be-
geisterung erlosch und die Mitarbeiter säumten, ihre
Karten herzustellen und abzuliefern. Auch bei späteren Unternehmungen, ob es sich nun um Verzeich-
nisse von Sternörtern oder um Himmelsaufnahmen
oder um Handbücher handelte, wurden die auch in
anderen Wissenschaften gemachten Erfahrungen bestätigt, daß solche Arbeiten an der Nachlässigkeit
und Trägheit einzelner Mitarbeiter kranken. Es ist
nicht möglich, solche Mitarbeiter zu drillen, wie es im
Sport durch das Trainieren geschieht. Wertvoller
sind daher solche Arbeiten, die wie die Durchmuste-
rungen in Bonn und Cordoba durch einen Forscher
mit seinen Mitarbeitern geschaffen worden sind. Ihrer
Arbeit verdanken wir die Durchmusterungskarten,
die noch jetzt für viele Beobachtungen unentbehrlich
sind. Und wiederum einem Forscher, dem Franklin-
Adams, verdankt die Wissenschaft die einzigen, den
ganzen Himmel umfassenden, weitreichenden photographischen Himmelskarten, beruhend auf seinen
Aufnahmen in England und Südafrika und auf wei-
teren Aufnahmen nach seinem Tode. Wie dieser

Mann trotz seiner Krankheit sich seinen Himmelsaufnahmen gewidmet hat, das ist bewundernswert.
Solche Liebhaber der Sterne, wie Franklin-Adams
und W. Herschel, haben die Wissenschaft sehr gefördert.

Was treibt den Menschen, den Himmel zu betrachten und seine Vorgänge zu beobachten? Seit Jahrtausenden hat er kein Bedenken getragen, seine
Nachtruhe der Betrachtung des Himmels zu opfern.
Gewiß war es in Ägypten, Babylon und China Pflicht
der Priester, den Himmel unter Beobachtung zu halten und nach auffälligen und gefährlichen Anzeichen
auszuschauen. Daneben war es die Freude an der Betrachtung des Himmels, die besonders in Griechenland zutage trat. Schon Anaxagoras (499—428 v. Chr.)
sagte, das Geborenwerden sei dem Nichtgeboren-
werden vorzuziehen, um der Betrachtung des Himmels und des Weltganzen willen ⟨308a, S. 244⟩. Und
Euripides (um 410 v. Chr.) rief aus:

„Glückseliger Mann, der des Forschens Lust
Selbsttätig erfuhr.
Nichts zieht in das leidige Treiben des Staats
Ihn hinaus, nichts hin, wo das Unrecht wirkt;
Nein, sinnend betrachtet er ew'ger Natur
Nie alternden Bau,
Woher er entstand und wodurch und wie.
Einem solchen muß alles, was unrein heißt,
Fern bleiben im Tun wie im Denken."

Wie Hipparch sich zum Beobachten der Sterne getrieben fühlte, darüber haben wir das Zeugnis des
Plinius kennengelernt. Und Seneca rief aus: „Aber
gibt es denn eine andere und herrlichere Forschung
und nützlichere Lehre als über die Natur der Sterne
und Planeten?" Von einem ähnlichen Standpunkt
aus betrachtete Ptolemäus den Wert der Sternfor-

schung. Im Vorwort seines Handbuches der Sternkunde sagte er: „Was nun vollends eine in Handel
und Wandel sittliche Lebensführung anlangt, so
dürfte diese Wissenschaft vorzugsweise Sinn und
Blick dafür schärfen; denn nach dem Vorbild der an
den göttlichen Wesen erschauten Gleichförmigkeit,
strengen Ordnung, Ebenmäßigkeit und Einfalt bringt
sie ihren Jüngern die Liebe zu dieser göttlichen
Schönheit bei und macht ihnen durch Gewöhnung
den ähnlichen Seelenzustand sozusagen zur zweiten
Natur."

Um die Jahrtausendwende erörterte der arabische
Gelehrte Abu Hajjān al Taubidi den Wert der Sternforschung und Sterndeutung mit folgenden Worten
⟨323, S. 299⟩: „Wer sich mit den Gestirnen befaßt,
verfolgt bei seinen Betrachtungen zwei Zwecke: einmal will er das Verhalten der Sterne ermitteln bei den
verschiedenen Arten ihrer Bewegung, ihrem Stehen-
bleiben, ihrem Auf- und Untergang, ihrer Zusammenkunft und den davon abweichenden Stellungen. Die
Untersuchung dieser Gegenstände entspricht dem
eines Hausbesitzers bezüglich der Winkel seines Hau-
ses, der Mannigfaltigkeit seines Hausrats und seiner
sonstigen Habe, der Zahl seiner Bewohner, seiner
Nachbarschaft. Bei dieser Betrachtung wird er von
einer Bewunderung ergriffen, die sein Herz eröffnet,
seine Brust erschließt, seinen Glauben an die Einheit Gottes stärkt, seine Belehrungen reich gestaltet
und seine Seele mit Sehnsucht erfüllt. In dem anderen Falle will der betreffende Forscher sich über die
Anzeichen auf die zukünftigen Dinge unterrichten;
dies ist sehr wertvoll, so wenn man sich mit den
Sternbildern abgibt, mit der Feinheit der Wirkung
der Gestirne, den wechselnden Gestalten des Himmels, ferner mit dem Austauscherhalten der Geheimnisse des Geschickes und mit dem Fernsein des Wil-
lens des Geschickes und mit dem Zwang, der in der

Welt vorhanden ist. Wer dies Ziel erstrebt, muß viele Mühe anwenden; er hat aber nur einen kleinen Erfolg; der Fehlschluß ist häufiger als der rechte Treffer."

Diesen griechischen und arabischen Äußerungen lassen sich kaum entsprechende europäische gegenüberstellen. Die Umstände waren anders. Die Mängel der kirchlichen Zeitrechnungen waren bekannt. Beobachtungen waren nötig (Tafel X). Darauf kam es an. Deshalb werden immer wieder Versuche gemacht, durch Beobachtungen die vom Altertum überlieferten Tafeln der Planetenbewegung zu verbessern. In planmäßigen und durch Jahrzehnte durchgeführten Beobachtungen sah Regiomontan die Voraussetzung zum Aufbau einer neuen Astronomie. Sein Schüler Bernhard Walther führte Regiomontans Beobachtungen weiter bis zu seinem Tode 1504 und schuf somit die erste große und planmäßige Reihe von Planetenbeobachtungen. Seinem Beispiele folgte Brahe, dessen Beobachtungen die Grundlage für Keplers Untersuchungen bildeten. Seitdem sind es die Beobachtungen, nicht die Deutungen, welche die moderne Sternforschung herbeiführten. Die Hochschätzung der Beobachtung führte zum Entstehen immer neuer Sternwarten und zum Bau immer größerer Fernrohre, und so entstanden die großen Beobachtungsreihen und die vielen Himmelskarten und Aufnahmen.

11.
Wissenschaftliche Abwege

War die ptolemäische Planetentheorie ein Abweg?
Das läßt sich kaum behaupten. Sicherlich war diese
Theorie ein bedeutender Fortschritt. Damals war es
noch nicht lange her, daß man die Erde als eine Kugel in der Weltmitte und umkreist von den Himmel-
sphären mit den daran befestigten Planeten ansah.
Noch früher sprach man von der flachen Erdscheibe,
die im Weltmeer schwimmt und umkreist wird von
den Gestirnen, die um die Himmelsachse herum-
wirbeln, als ob sie mit Bändern an ihr befestigt seien.
Somit zeigt die Entwicklung der Astronomie eine
ständige Anpassung des Menschen an die Himmelsvorgänge, die er beobachtet und auf seine Weise darzustellen sucht. Noch Sokrates warnte seine Schüler
vor der Planetentheorie. Er hielt diese Beschäftigung für unnütz und zwecklos, da die Geheimnisse
der Planetenbewegung nicht zu enthüllen seien; der
Mensch würde den Göttern mißfallen, wenn er das
zu erklären versuche, was jene nicht erklärt haben
wollten ⟨32, S. 17⟩. Wenn es dem Ptolemäus mehr
als 500 Jahre später gelang, den Planetenlauf befrie-
digend darzustellen, so zeigt sich darin der große Auf-
schwung der griechischen Sternforschung. Gewiß
mußte er dabei die früheren griechischen Versuche,
auf ganz andere Weise die Planetenbewegung zu erklären, beiseite lassen. Trotzdem war sein Handbuch
der Sternkunde ein Meisterwerk und wurde mehr als
1000 Jahre lang für unübertrefflich gehalten, bis sich
die Mängel der Theorie herausstellten und neue Beobachtungen den Coppernicus veranlaßten, die von

Ptolemäus verworfene Betrachtungsweise zur Grundlage seiner neuen Lehre zu machen. Schließlich kam Kepler auf die elliptische Bahnform.

Einen Abweg kann man die Theorie der Eigestalt der Erde nennen, die um 1700 aufkam. Obwohl Chr. Huygens und I. Newton aus theoretischen Erwägungen auf eine Abplattung der Erde an ihren Polen geschlossen hatten, schienen die Beobachtungen das Gegenteil zu beweisen, wie der Straßburger Arzt J. C. Eisenschmidt 1691 zeigte ⟨318, 2, S. 179⟩. Beobachtungen J. Cassinis bestätigten anscheinend diese Feststellung, daß die Erde eiförmig und nicht abgeplattet ist. Und als die Pariser Akademie der Wissenschaften die Arbeit des Joh. Bernoulli, worin er die Eigestalt theoretisch für notwendig erklärte, im Jahre 1735 mit einem Preise krönte, schien darüber das letzte Wort gesprochen zu sein. Es bedurfte erst neuer Messungen in Peru und Lappland, um die Abplattung der Erde nachzuweisen. Und so ist es verständlich, daß Maupertuis, der bei den Messungen in Lappland teilnahm, sich darstellen ließ, wie er die Erdkugel zusammendrückt (Tafel XI).

Im gleichen 18. Jahrhundert lachten die Gelehrten in Paris, als sie den Bericht lasen, den der Gemeinderat von Juillac über einen Steinfall an die Akademie richtete und dabei 300 Augenzeugen anführte ⟨318, 2, S. 485⟩. Dieser Bericht erschien zu unglaubwürdig. Gewiß hatten die Gelehrten schon von ähnlichen Berichten gehört, sie aber immer für lächerlich angesehen; denn wie sollten Steine aus der Luft auf die Erde fallen? Das war unerhört. Der Physiker P. Bertholon schrieb darüber in einer Zeitschrift: „Wie traurig ist es nicht, einen ganzen Gemeinderat durch einen Bericht in aller Form Volkssagen bescheinigen zu sehen, die nur zu bemitleiden sind. Was soll ich einem solchen Bericht weiter beifügen? Alle Bemerkungen ergeben sich einem philosophischen Leser

von selbst, wenn er dieses amtliche Zeugnis einer
offenbar falschen Tatsache, eines physisch unmög-
lichen Vorganges liest." Mehr als 10 Jahre lang hielt
sich der Glaube, daß Steine nicht vom Himmel fallen können. Erst J. B. Biot (1774—1862) beseitigte
diesen Aberglauben durch seinen Bericht über die bei
L'Aigle am 26. April 1803 herabgefallenen Steine und
ihren Zusammenhang mit einer beobachteten Feuer-
kugel. Seitdem durfte man auch in Frankreich an
Meteorsteine glauben.

Den größten wissenschaftlichen Abweg stellt die
Orientierungstheorie oder Ortungslehre dar. Die Beachtung der Himmelsrichtungen bei Tempeln und
Gräbern war bei vielen Völkern üblich. Sie war bei
den alten Pyramiden sehr genau ⟨280⟩. Bei ägyptischen Tempeln der letzten Jahrhunderte v. Chr.
wurde bei der Grundsteinlegung der Aufgang eines
Sternes des Großen Bären beobachtet — mit welcher Genauigkeit ist ungewiß. Im Bereich der christlichen Kirche begnügte man sich mit der Bevorzu-
gung der Ostrichtung, wobei auf große Genauigkeit
kein Wert gelegt wurde ⟨325⟩. Gelegentlich wurde
die Kirche nach dem Aufgang der Sonne zur Zeit der
Sonnwenden gerichtet. Die genaue Beachtung des
Ortes des Sonnenaufganges kam erst in den Kreisen
der englischen Freimaurer auf und gewann Beachtung durch den Hinweis auf den Grabtempel Stonehenge. Auf der Hochebene von Salisbury sieht der
Wanderer ein großartiges Bauwerk, bestehend aus
riesigen Steinen, die aufrecht stehen oder umgefal-
len jetzt am Boden liegen. Ursprünglich bildeten sie
zwei hufeisenförmig angeordnete Steinreihen innerhalb zweier konzentrischer Steinkreise. In der Mitte
des Hufeisens liegt ein großer als Altar bezeichneter
Stein. Wie die Tafel XIII zeigt, befindet sich das Bauwerk innerhalb eines runden Erdwalles mit 2 Ein-
buchtungen und 2 Steinen, deren Verbindungslinien

sich im Mittelpunkt des Walles und der Steinkreise schneiden. Der Wall hat eine Öffnung in der Richtung der Achse des Hufeisens, damit eine Feststraße geradenwegs zum Altar führt. In der Mitte der Straße liegt der Schlachtstein und ein hoher Stein, Heel Stone genannt. Hier erwartet zur Sommerwende eine große Menschenmenge den Sonnenaufgang, den man vom Altarstein aus über den Heel Stone sehen kann, indessen Volksschullehrer, als Druiden verkleidet, altertümliche Gesänge vortragen. Diese Sitte ist aber nicht alt. Das Bauwerk wurde wohl immer beachtet, aber in keltischen Sagen als Grabmal genannt. Zum Sonnentempel wurde es erst von den englischen Freimaurern gemacht, denen es darauf ankam, einen Beweis für das frühere Bestehen einer Sonnenverehrung auf englischem Boden zu haben. Dabei mußte man manche Unstimmigkeiten in Kauf nehmen. Wenn man nämlich aus der Mitte der beiden Pfeiler über den Altarstein zum Heel Stone schaut, so zeigt diese Linie nicht zum nördlichsten Aufgangsort der Sonne, weder jetzt noch früher, sondern erst im Jahre 3260 n. Chr., weil sich dann erst der Aufgangsort der Sonne infolge der Präzession so weit verschoben hat. Da also der Heel Stone für die zeitliche Festlegung des Bauwerkes nicht in Betracht kommt, sondern nur für die Zuschauer am Sonnwendtag, denen man alles weismachen kann, so sah schon Lockyer ⟨178⟩ sich genötigt, als Visierpunkt nicht den Heel Stone oder das Ende der Feststraße, sondern die in der Straßenrichtung liegende alte Befestigung Silbury zu benützen, und erhielt damit als Richtung (Azimut) der Straße 49° 34′ 18″ von Nord nach Ost, während das Azimut der jetzigen nördlichen Aufgangsstelle 50° 26′ 30″ ist; damit errechnete er unter der Annahme, daß die Richtung zum Sonnenaufgang bei der Sommerwende richtunggebend war und der Unterschied der Azimute durch die Präzession entstanden ist, als Zeit der Erbauung das Jahr 1680 v. Chr. Stone (275) legte die Achse neu fest und bekam einen Azimutwinkel von 49° 37′ 55″, woraus sich eine Erbauungszeit um 1400 v. Chr. errechnet. Somit nähert sich die berechnete Erbauungszeit der Gegenwart. Andererseits entfernt sich die aus den Bodenfunden von den Vorgeschichtsforschern erschlossene Erbauungszeit in die ältere Steinzeit, so daß ein großer Zeitraum die Angaben der Vorgeschichtler und der Gelehrten wie Lockyer und Stone trennt. Vom hoch gelegenen Stonehenge führt die Feststraße hinab zur Rennbahn. Deshalb dürfte C. Schuchhardt (255, S. 70) mit seiner Behauptung recht haben, daß es sich nicht um einen Göttertempel, sondern um eine großartige Grabanlage handelt, deren Feststraße so gelegt wurde, daß der Aufstieg von der Senke zur Höhe, wo das Bauwerk steht, möglichst bequem war. Somit war es ein Zufall, wenn die Feststraße nach Nordost zeigte. Ähnlich steht es mit den Steinreihen in der Bretagne (Tafel XIV). Über sie urteilt Schuchhardt (255, S. 68): „Das Gesamtbild, das diese Beobachtungen ergeben, ist das einer großartigen Anlage für den Totenkult. Neben den Gräbern, die stattliche Megalithbauten sind, liegt ein Festplatz, der Tausende von Menschen zu fassen vermag, und zu ihm hin führt eine breite Steinallee, die ersichtlich von der Landstraße ausgeht. Es ist, als wollte sie die Festbesucher an der Straße aufgreifen und ihnen den Weg weisen zu dem Festplatz. In Ägypten führten ähnliche Straßen vom Nil zu den abseits liegenden Grabpyramiden."

Angesichts dieser Tatsachen fällt es schwer, ein Lächeln zu unterdrücken, wenn man die Bemühungen der Gelehrten sieht, überall auf der Erde die Richtungen von Bauwerken oder Steinreihen festzustellen und daraufhin auf eine vorgeschichtliche Astronomie zu schließen. Dies ging von England aus, wo Norman

Lockyer Stonehenge zum Sonnentempel zu erklären
versuchte und ähnliche Messungen außerhalb Englands machte, wurde aber sehr gefördert durch Nis-
sens Buch „Orientation". Auf Grund seiner zahl-
reichen Messungen vermochte er nur in einigen Fällen glaubhaft zu machen, daß bei der Grundsteinlegung der Kirchen die Richtung zum Sonnenaufgang berücksichtigt worden war, allerdings mit einer
Unsicherheit bis zu 2°. Die von ihm untersuchten
heidnischen Tempel zeigen größere Abweichungen,
selbst wenn Nissen dabei nicht die Himmelsrichtungen, sondern die Richtung zu aufgehenden hellen
Sternen heranzieht und die Azimutänderungen zur
Berechnung der Bauzeit benützt. Bereits Lockyer
war aus ähnlichen Messungen heidnischer Tempel zu
unwahrscheinlichen Zeiten der Tempelgründung gekommen. Um diese Schwierigkeiten zu vermeiden,
sah Nissen sich gelegentlich gezwungen, nicht die
Achse des Tempels, sondern eine Querachse zu benützen oder einen Tempel einer anderen Gottheit zu-
zuschreiben, deren Stern in der Richtung der Tempelachse aufging. Oder er ließ die Tempelachse nach dem
Untergang eines hellen Sternes zeigen, als ob dies
nicht allen astrologischen Vorstellungen widersprechen würde. Schließlich begnügte er sich mit der
Vermutung: „Die stellare Orientation ist eben in
Rom wie in Griechenland eine Geheimlehre." Trotzdem griff die Ortungslehre um sich und gewann neue
Anhänger. Dazu trug bei, daß Charlier ⟨41⟩ fest-
stellte, daß der Dom in Lund nach dem Sonnenaufgang am Tage des Laurentius gerichtet sei, dem der
Dom geweiht war. Tatsächlich beträgt das Azimut
Achse des Domes nicht 114.3° gemäß Charlier, sondern 109°, wie H. Erlandsson auf Grund neuer Messungen ermittelte ⟨73⟩.

Auf Nissen und die beiden Astronomen Lockyer
und Charlier berief sich, wer in den Jahren von 1910

bis 1940 sich mit der Ortung abgab. Steinkreise, wie sie als Überreste vorzeitlicher Grabhügel zu sehen sind, wurden als germanische Sternwarten gedeutet und die Astronomen aufgefordert, aus der Richtung der Verbindungslinien der Kreismitten die Sterne zu ermitteln, deren Beobachtung angeblich den frühgeschichtlichen Astronomen oblag. Noch weiter ging Teudt ⟨282⟩, der den mittelalterlichen Raum auf dem Externstein für ein Sonnen- und Mondheiligtum erklärte und die Umhegung des Gutshofes Gierke als bestimmt durch die Richtungen nach den Auf- oder Untergängen heller Sterne ansah. Doch das genügte noch nicht. Er behauptete, daß die heidnischen Germanen ihre Weihestätten so gelegt hätten, daß sie mit anderen in genau ostwestlicher oder nordsüdlicher Richtung lagen. Diese „heiligen Linien" glaubte Röhrig ⟨240⟩ auch in Ostfriesland nachzuweisen. Und in anderen Gegenden Deutschlands suchten alte Offiziere nach ähnlichen Linien auf ihren Karten; sie wurden schlechter Laune, wenn man ihnen widersprach. Es war doch eine nette Beschäftigung, wenn man in seinen Karten alte Städte durch solche Linien zu verbinden suchte, wobei man bei großen Entfernungen als Zwischenpunkte Aussichtstürme, Friedhöfe, Abdeckereien und Oberförstereien benützte. Den Nachweis, daß diese Stellen schon in vorchristlicher Zeit vorhanden waren, schenkte man sich. Als nun das Nazireich anbrach und der Nachweis heidnischer Sternwarten und Sternkunde für verdienstvoll galt, da geschah das Wunder, daß Gelehrte zu Kreuze krochen und den Teudtschen Einbildungen zustimmten und sogar Reuters Buch ⟨235⟩ empfahlen. Auch erschienen Bücher wie das von Friedrichs ⟨84⟩, worin die Ortung auch für Höhlen nachgewiesen wird, und beinahe jede Zeitung brachte Meldungen über neuentdeckte „germanische Sternwarten", die sich in Humbug auflösten, wenn die

Sache an Ort und Stelle untersucht wurde. Und um die Narrheit auf die Spitze zu treiben, ging die Parteileitung mit Untersuchungen gegen solche Männer vor, die nicht zu den Narren zählen wollten. Nur eine grobe Antwort schaffte Ruhe. Als das Nazireich vorüber war, zeigte es sich, daß alles nur auf Einbildung beruhte: die heiligen Linien und astronomischen Gutsumhegungen und die hervorragende Sternkunde der heidnischen Germanen. Die Ernüchterung trat ein, und man wurde gewahr, daß sich die große Arbeit mit der Berechnung der Sternaufgänge nicht gelohnt hatte. Die Erkenntnis setzte sich durch, daß es immer möglich sein wird, unter den vielen tausend Steinkreisen, Steinreihen, Kirchen, Gutsumhegungen solche zu finden, deren Richtung ungefähr zum Aufgang oder Untergang der Sonne oder heller Sterne zeigt und sich zur Altersbestimmung verwenden läßt, wenn man bis zum Jahre 15000 v. Chr. zurückgeht. In allen solchen Fällen hat aber der Kunst- oder Vorgeschichtler das Wort, nicht aber der Astronom, der meistens nicht in der Lage ist, die Umstände zu prüfen.

Zu den Abwegen gehört auch die Berechnung der Eiszeiten. In verschiedenen Erdformationen lassen sich Spuren früher Eiszeiten nachweisen, und zwar bis in die ältesten Schichten zurück. Besonders auffällig sind die Spuren der Eiszeiten während des Diluviums. Wann und wie sie entstanden sind, darüber gab es nur Vermutungen. Da veröffentlichte M. Milankovitch ⟨195⟩ 1920 und später das Ergebnis seiner Berechnung der auf die Erde auffallenden Sonnenwärme oder Erdbestrahlung, und zwar für die Zeit bis 600000 v. Chr. Seine Arbeiten fanden großen Beifall, zumal seine Kurven der Erdbestrahlung zur Erklärung der Eiszeiten des Diluviums dienen konnten; denn die Eiszeiten zeigten in Bayern vier Vorstöße mit den dazwischen liegenden Erwärmungen

Orionnebel
Aufnahme mit dem 256-cm-Spiegel der Mount-Wilson-Sternwarte

Nebelstreifen im Schwan (NGC 6995)
Aufnahme von 10 Std. Dauer mit dem 152-cm-Spiegel der Mount-Wilson-Sternwar

der Zwischeneiszeiten. Dies entsprach ungefähr der Kurve der Erdbestrahlung, wenn die periodische Änderung der Erdbewegung und ihrer Stellung zur Sonne berücksichtigt wird. Demgemäß glaubte man schließen zu dürfen, daß die Eiszeiten des Diluviums den Zeitraum bis zu 600 000 v. Chr. zum größten Teil ausgefüllt hätten. Allerdings wurde dabei außer acht gelassen, daß die für Bayern nachgewiesenen Eiszeiten nicht zur gleichen Zeit auf der ganzen Erde stattfanden und daß die Wirkung der veränderlichen Erdbestrahlung sich auch für die Zeit unmittelbar vor dem Diluvium nachweisen lassen müsse, was aber nicht möglich war. Offenbar lassen sich die Eiszeiten bis zur ältesten Erdschicht zurück nicht aus periodischen Änderungen der Erdbewegung erklären, sondern aus Vorgängen in der Lufthülle ⟨257, S. 178, 189⟩ oder in der Sonne ⟨328⟩.

Dabei blieb der Umstand unberücksichtigt, daß die Erdbestrahlung der letzten 600 000 Jahre berechnet wurde auf Grund der Bahnelemente der Erde, die abgeleitet waren aus den Beobachtungen von 1750 bis 1850. Die Erfahrung lehrt, daß eine so kurze Beobachtungsreihe von nur 100 Jahren nicht genügt, um Aussagen für 600 000 Jahre zu machen.

12.

Rätsel der Schöpfung

Es ist nicht nur in der Berechnung der Eiszeiten, daß der Mensch längst alle Grenzen überschritten hat, die ihm früher das Bewußtsein menschlichen Irrens auferlegte. Auch in den Angaben über das Alter der Sonne und der Sterne verließ man bald die Millionen Jahre und ging zu Milliarden Jahren über. Unentschieden blieb nur, ob man dieses Alter zu mehr oder zu weniger als 10 Milliarden ansetzen sollte. Die größere Zahl erschien bequemer, weil man darin mehr Tatsachen leichter unterbringen könne, wie manche Theoretiker meinten. Trotzdem neigte sich die Waagschale zum kleineren Sternalter ⟨22⟩. Dazu trug bei, daß es manche Sterne, hauptsächlich blaue Sterne gibt, deren Alter nicht länger als 10—20 Millionen Jahre sein kann. Wichtiger möchte der Umstand erscheinen, daß der Zeitpunkt, als die Spiralnebel sich wie Teile einer platzenden Bombe voneinander entfernten, zu etwa 2 Milliarden Jahre vor der Gegenwart errechnet wird und damals die Sterne entstanden sein dürften. Und die Sonne, unser nächster Stern? Wie steht es mit ihr? Auch für die Sonne scheint dasselbe zu gelten, daß ihr Alter nicht größer als 2 Milliarden Jahre ist. Sie gilt nicht mehr als die ewige Spenderin von Licht und Wärme, sondern ihre Geburt und ihr Tod wird erörtert ⟨89⟩.

Wie steht es nun mit der Erde? Gilt sie noch als Kind der Sonne? Als losgerissener und später erkalteter Brocken der Sonne? Dann müßte sie jünger als die Sonne sein. Seit der Bildung ihrer festen Rinde müßten weniger als 2 Milliarden Jahre verflossen sein.

Das steht aber im Widerspruch zu den Schlüssen, welche die Physiker aus den auf Erden vorhandenen radioaktiven Stoffen und ihrem Zerfall gezogen haben. So gibt Holmes ⟨136⟩ auf Grund aller Messungen für das Alter der Erde 3,35 Milliarden Jahre an. Demnach bestand schon die Erde mit fester Oberfläche, als es Sonne und Sterne noch nicht gab? Wie heißt es doch in der Bibel? „Am Anfang schuf Gott Himmel und Erde. Und die Erde war wüst und leer. ... Und es ward Licht. ... Und Gott machte zwei große Lichter, ein großes Licht, das den Tag regiert, und ein kleines Licht, das die Nacht regiert, dazu auch Sterne." Nicht wahr — eine merkwürdige Übereinstimmung!

Der Gedanke an ein wiederholtes Aufleuchten der Sonne ist den Menschen nicht fremd. Die Azteken in Mexiko erzählten von 4 Weltaltern oder Sonnen vor der jetzigen Sonne. Sie nahmen an, daß nach der Weltschöpfung die 4 Weltalter oder Sonnen (Tafel I) nacheinander entstanden, worauf die Sintflut erfolgte mit dem Einsturz des Himmels zur Zeit des Saatfestes im Frühjahr. Dann wurde der Himmel über der Erde wieder aufgerichtet und der Mensch geschaffen. Für die Menschen, die ohne Sonne und Mond in der Finsternis wanderten, wurde das Feuer geschaffen. Dann erst entstanden Sonne und Mond ⟨258⟩. Ein großer, schwerer Opferstein mit den 4 Ursonnen wurde im Jahre 1479 n. Chr. vollendet ⟨218⟩. Moctezuma II. ließ ihn 1512 auf die Spitze der Sonnenpyramide zu Tenochtitlan legen ⟨162a⟩.

Ähnlich sind die indischen Vorstellungen über die Zeitalter und den Welttag, der mit dem Weltbrand und der Sintflut endet, wie wir gesehen haben (S. 53). Merkwürdigerweise wird jetzt der Gedanke einer periodischen Weltschöpfung wieder aufgenommen ⟨9⟩.

9*

13.
Ähneln die Sterne den Lebewesen

Platon und Sokrates sahen die Gestirne für göttlich an. Gemäß Platon wohnt eine göttliche Seele
in den Gestirnen und bewegt sie, wie die menschliche Seele den Körper überall hinlenkt. Aristoteles
sah in den Gestirnen eine göttliche Kraft und ein
fünftes Element, das keine Verwandtschaft mit den
irdischen 4 Elementen hat. Aus der Regelmäßigkeit
und Gleichmäßigkeit der Bahnen der Gestirne schlossen die Stoiker auf Gefühl, Verstand und eigenen
Willen der Gestirne. Spätere griechische Philosophen
nahmen an, daß am Himmel die Sympathie als
Kraft wirkt, die einen Zusammenhang zwischen irdi-
schem und himmlischem Geschehen bewirkt. Die Welt
ist ein geeinter Körper, in dem alles aufeinander
abgestimmt ist. Das Christentum machte die Gestirne
zu Geschöpfen und Werkzeugen Gottes, wie aus
dem Sonnengesang des hl. Franziskus hervorgeht
(S. 10). Gott zeigt in den Wesen des Himmels und
der Erde seine Allmacht. Seine Geschöpfe, besonders
die Gestirne mit ihren Bahnen, sind vollkommen.
Auch Coppernicus empfand ähnlich. So sagte er, „daß
der Zustand der Unbeweglichkeit nach allgemeiner
Ansicht edler und göttlicher ist als der der Veränderung", und „Ich bin nun bestimmt der Ansicht,
daß die Schwere nichts anderes ist als ein von der
göttlichen Vorsehung des Schöpfers der Welt den
Teilen eingepflanztes Streben, das sie zur Einheit
und Ganzheit dadurch befähigt, daß sie sich zur
Gestalt einer Kugel zusammenschließen" (338, S. 94
bis 95). Ähnlich sah Kepler im Weltbild die Weis-

heit und Größe des Schöpfers und in der geheimnis-
vollen und wunderbaren Bewegung der Planeten die
Weisheit des Schöpfers. In ihm lebte noch die Ver-
bundenheit des Forschers mit Gott. Aus diesen Gedanken heraus hatten die griechischen Forscher Era-
tosthenes, Hipparch und Ptolemäus ihre Schriften
und Instrumente den Göttern geweiht und in den
Tempeln aufgehängt. Und so ist auch des Ptolemäus
eigene Grabschrift zu verstehen ⟨30, S. 155⟩:

„Sterblich wohl bin ich, ich weiß es, des Tages Ge-
     schöpf. Doch begleit' ich
Wandelnde Sterne im Geist, wie sie umkreisen den Pol,
Rührt nicht mehr an die Erde mein Fuß. Zeus selbst
     zur Seite
Teil' ich das Mahl, des Kraft Götter unsterblich
     erhält."

Die großen Fernrohre zeigten schon im 18. Jahrhundert am Himmel viele Himmelskörper, die sich
den einfachen Vorstellungen früherer Zeiten nicht
einfügen wollten. Manche Menschen waren damals
begierig auf immer neue Entdeckungen der Sternforscher; andere sahen nur das Unvollkommene und
Unerwartete und sprachen sich wie Lichtenberg so
aus: „Warum sollte es nicht Stufen von Geistern
bis zu Gott hinauf geben und unsere Welt das Werk
von einem sein können, der die Sache noch nicht
recht verstand, ein Versuch? Ich meine, unser Sonnen-
system oder unser ganzer Nebelstern, der mit der
Milchstraße aufhört. Vielleicht sind die Nebelsterne,
die Herschel gesehen hat, nichts als eingelieferte
Probestücke oder solche, an denen noch gearbeitet
wird" ⟨173, S. 54⟩. Seine Äußerung ist bezeichnend
für das zwiespältige Gefühl, mit dem die Menschen
die Himmelskörper betrachteten. Eine Enttäuschung
spricht auch aus Schillers Versen:

„Schwätzet mir nicht soviel von Nebelflecken und
  Sonnen!
Ist die Natur nur groß, weil sie zu zählen euch gibt?
Euer Gegenstand ist der erhabenste freilich im
  Raume,
Aber, Freunde, im Raum wohnt das Erhabene nicht!"

Selbst der größte Astronom und Mathematiker
des 19. Jahrhunderts, C. Fr. Gauß, fühlte sich be-
drängt von der Fülle neuer Entdeckungen am Himmel. Aus diesem Gefühl heraus schrieb er 1854 an
seinen Freund Alexander von Humboldt: „Die Natur
hat mehr Mittel, als der arme Mensch ahnen kann"
⟨36 a⟩, und äußerte sich kurz vor seinem Tode zu
einem befreundeten Gelehrten ⟨246⟩: „Es gibt Fragen,
auf deren Beantwortung ich einen unendlich viel
höheren Wert legen würde als auf die mathematischen,
z. B. über Ethik, über unser Verhältnis zu Gott, über
unsere Bestimmung und über unsere Zukunft; allein
ihre Lösung liegt ganz unerreichbar über uns und
ganz außerhalb des Gebietes der Wissenschaft. . . .
Es ist mir gleichgültig, ob der Saturn 5 oder 7 Monde
hat — es gibt etwas Höheres in der Welt. Ob die
Seele 80 Jahre oder 80 Millionen Jahre lebt, wenn
sie einmal untergehen soll, so ist dieser Zeitraum
doch nur eine Galgenfrist. Man wird daher zu der
Ansicht gedrängt, für die ohne eine streng wissenschaftliche Begründung so vieles spricht, daß neben
dieser materiellen Welt noch eine zweite geistige
Weltordnung existiert, mit ebenso vielen Mannigfal-
tigkeiten als die, in der wir leben — ihr sollen wir
teilhaftig werden."

Als Gauss im Jahre 1855 starb, herrschte die
Planetentheorie vor. Sie hatte solche Erfolge zu ver-
zeichnen, daß man durch Bewegungen fast alle phy-
sikalischen Vorgänge zu erklären versuchte. Als dies
bei manchen Vorgängen nicht möglich war, ent-

stand Plancks Quantentheorie, während wenig später A. Einstein Newtons Bewegungstheorie durch seine Relativitätstheorie ergänzte. Beide Theorien fußen auf dem Glauben an eine in der Natur ewig herrschende Ordnung und sind bezeichnend für die moderne theoretische Physik, die seitdem in überraschender Weise alle Naturvorgänge in ihren Bereich gezogen hat. Ihre Forschungsmethoden werden angewendet, um die Himmelsvorgänge bis in die Tiefen des Weltraumes zu erklären.

Die uralten Gedanken des Atmens der Erde tauchen wieder auf. Gewiß wurden nicht mehr die Gezeiten herangezogen, sondern andere Vorgänge. E. W. Brown ⟨36⟩ schloß 1927 aus Unregelmäßigkeiten der Mondbewegung auf ein periodisches Atmen der Erde, wobei sich der Standort des Beobachters durch die Zusammenziehung und Ausdehnung der Erde ändert. Auch der Geologe E. Haarmann sprach 1930 von einer periodischen Krustenbewegung der Erde ⟨110⟩. Und in der Lufthülle der Erde wies J. Bartels 1927 ⟨6⟩ Schwingungen nach, die äußerst regelmäßig sind und selbst durch Regen oder Gewitterstürme kaum beeinflußt werden.

Daneben laufen die Bemühungen der Menschen, den Aufbau des Weltalls zu verstehen und die Vorgänge zu erklären. Kant und später Laplace hatten versucht, die Entstehung des Sonnenalls aus einer Gasmasse zu erklären. Und diese Annahme wurde später auch auf andere Himmelskörper angewendet. Jetzt zögert man, nur eine Erklärungsmöglichkeit für das Weltall anzunehmen. Wie man in der Entwicklungslehre jetzt das Nebeneinander verschiedener Zweige der Entwicklung annimmt, so glaubt man auch am Himmel verschiedene Möglichkeiten der Sternentwicklung zu sehen. Ob man die Neuen Sterne betrachtet und drei verschiedene Arten feststellt, oder ob man kurzlebige Sterne von Sternen langer Lebensdauer unterscheidet, typisch ist die Annahme, daß die Sternentwicklung verschiedene Wege einschlagen kann. Das Schema der Sternentwicklung, wie es noch Lockyer aufgestellt hatte, wurde aufgegeben. Eine andere wichtige Behauptung besagt, daß die Sternentwicklung nicht umkehrbar ist. Auch das erinnert an die Entwicklung der Lebewesen, und dasselbe ist der Fall mit der Fortbewegung und mit der Vermehrung, sei es durch Zerfall wie bei den Kometen, sei es durch den Zerfall in einen Doppelstern, was schon von H. Poincaré untersucht worden war.

Wie bei den Lebewesen die Artbildung durch Mutation, so scheinen auch bei den Sternen neue Zustände sprunghaft zu erfolgen. Und wie sich nach einer solchen Mutation wieder eine Ordnung bei den Lebewesen ausbildet, so läßt sich auch für die Sterne das gleiche annehmen. So könnte das Sonnenall entstanden sein und seine Ordnung sich allmählich gebildet haben. Allerdings ist hier nicht alles in Ordnung. Daß die Sonnenstrahlung sich dauernd und unregelmäßig, wenn auch nur wenig ändert, ist bekannt. Auffälliger ist ihre Fleckenbildung, wichtig für die Erde wegen ihrer Auswirkungen. Seit 340 Jahren sind die Sonnenflecken vieltausendmal beobachtet worden, und große Mühe wurde auf die genaue Berechnung ihrer Periode gelegt; aber alle Mühe war umsonst. Die Periode schwankt unregelmäßig zwischen 7 und 17 Jahren. Die Sonne beherrscht ihre Planeten gemäß dem Newtonschen Anziehungsgesetz, das auch die Beziehungen zwischen den Planeten regelt. Läßt sich mit diesem Gesetz alles erklären? Bei den Planeten nahe der Sonne bekanntlich nicht; die Abweichungen der Planetenbewegungen werden zum großen Teil durch Einsteins Relativitätstheorie erklärt. Auch beim entferntesten Sonnenbegleiter, beim Pluto, sind auffällige Abweichun-

gen festgestellt. Aber auch in der Mitte, zwischen
Mars und Jupiter, gibt es einen Raum, der zu unseren
Vorstellungen von der ewigen Ordnung im Sonnenall
nicht passen will. In diesem Raum wandern Tausende
Kleiner Planeten von 5 bis 500 km Durchmesser
dahin. Offenbar sind es Trümmer eines oder mehrerer
Planeten, die geborsten sind. Merkwürdigerweise zer-
fallen auch mehrere Kometen, die in diesem Raum
wandern, allmählich und verursachen dadurch Stern-
schnuppenfälle, wenn ihre Trümmer in die Lufthülle
der Erde eindringen und dabei leuchtend werden.
Also auch im Sonnenall gibt es Vorgänge, die sich
unseren Vorstellungen von der himmlischen Ordnung und Beständigkeit nicht fügen wollen. Trotzdem sind hier die Abweichungen von der Regel klein.

Die Zeit ist reif für neue Gedanken. Deshalb ist
es nicht verwunderlich, wenn auch der Gedanke einer
ständigen Schöpfung auftaucht ⟨278⟩.

14.

Wie stellt sich der Mensch zu den rätselhaften Sternen?

Vergangen ist der Reigen der Sterne, verklungen die Sphärenmusik. Übrig blieb nur eine mathematische Figur — so werden manche vom coppernicanischen Sonnenall denken und werden fortfahren, die Unruhe zu beklagen, die Coppernicus verursacht hat, indem er die Erde aus ihrer Ruhe riß und sie in dauernde Bewegung zwang. Und man kann es ihnen nicht verdenken, wenn man den raschen Verfall der Theorien betrachtet und mit der tausendjährigen Fortdauer der Theorien der Aristoteles und Ptolemäus vergleicht. Wie rasch geht doch alles dahin. Noch vor 50 Jahren galt die Darwinsche Theorie als die Erklärung der Umwandlung der Arten. Und jetzt wird sie beinahe überall abgelehnt. Sogar die Abstammungslehre begegnet wachsendem Widerspruch. Und vor 40 Jahren veröffentlichte Einstein seine allgemeine Relativitätstheorie, die auch auf dem Gebiet der Sternforschung revolutionierend wirkte und 3 Erscheinungen voraussagte: die Rotverschiebung der Spektrallinien der Sonne, die Ablenkung des Lichtstrahls beim nahen Vorübergang an der Sonne und die langsame Drehung der großen Achse der Planetenbahnen. Riesig waren die Anstrengungen, die Richtigkeit der Relativitätstheorie astronomisch nachzuweisen. Darüber spricht sich E. Finlay Freundlich 1952 aus ⟨80⟩: „Diese Versuche sind heute noch nicht zum Abschluß gekommen. Es ist darum verständlich, daß die Physiker, daran interessiert, zu wissen, ob sie mit Sicherheit auf der neugeschaffenen Grundlage weiter aufbauen dürfen, dazu neigen, sich mit einer angenäherten experimentellen

Bestätigung der allgemeinen Relativitätstheorie zufrieden zu geben, und die Frage der experimentellen Bestätigung der Theorie als abgeschlossen betrachten.

Es kann aber nicht nachdrücklich genug betont werden, daß die wahre Sachlage durchaus nicht so günstig ist: daß zwar das Vorhandensein der von der Relativitätstheorie geforderten neuen Effekte nicht bezweifelt werden kann, daß es aber durchaus noch nicht als gesichert gelten darf, daß die Effekte die von der Relativitätstheorie vorausgesagten Werte haben: wovon natürlich alles abhängt."

Die Zahl der Beobachtungen wuchs riesig und damit die Versuche des Menschen, die Beobachtungen durch vereinfachte Theorien darzustellen. Neue Beobachtungen führen zu anderen Ausgangspunkten der Betrachtung, und oft bestätigt sich, was E. Pringsheim schon 1910 in seiner Physik der Sonne sagte ⟨223, S. 399⟩: „Im ganzen sehen wir auch hier, was uns bei unseren Beobachtungen schon mehrfach begegnet ist, daß die Beobachtungsresultate sich durch verschiedene Theorien gleich gut erklären lassen, eine Erscheinung, die in der Naturwissenschaft überall wiederkehrt. Was feststeht und die Veränderung der Zeiten überdauert, das sind gut beobachtete Erfahrungstatsachen; die Theorien entstehen und vergehen wie die Blätter der Bäume und die Geschlechter der Menschen."

Unser Jahrhundert wird wohl später das Jahrhundert der Umstürze heißen. Es ist, als ob unser Geist umgeformt werden soll. Liebgewordene alte Ansichten und Lehrmeinungen werden eine nach der anderen zerbrochen. Auch in der Vorstellung von den Sternen bereitet sich eine durchgreifende Änderung vor. Vor einem halben Jahrhundert begann es. Bis dahin glaubte man die Fülle der Erscheinungen am Himmel in wenige Gruppen einteilen und mit unseren Erfahrungen aus dem Sonnenall erklären zu können.

Man meinte überall, sich umkreisende Körper sehen zu dürfen. Mit solchen Vorstellungen ging man auch an schwierige Fälle heran. Erst allmählich wurde man inne, daß es viele Vorgänge am Himmel gibt, die nicht regelmäßig sind und durch Bahnbewegungen nicht zu erklären sind. Immer mehr schwillt die Zahl der veränderlichen Sterne an, die gelegentlich aufleuchten — ohne jede Regel. Schon wurden Sterne entdeckt, deren Aufleuchten nur eine Minute in Anspruch nimmt, während ihre Helligkeitsabnahme etwas länger dauert. Und es wurde auf die seltenen Vorgänge aufmerksam gemacht, wo ein schwacher Stern für wenige Stunden als Nebel aufleuchtet. Die Natur hat so viele Überraschungen, daß der Beobachter gelegentlich die Bedeutung eines Vorganges nicht versteht und zu seinem Schrecken erst zu spät merkt, worum es sich handelte. Selbst die Anwendung der photographischen Platte vermag nicht alle Rätsel zu lösen, besonders dann nicht, wenn die Vorgänge so rasch verlaufen, daß die gewöhnlichen Belichtungen von 30 Minuten oder mehr das Aufleuchten eines Sternes nur abgeschwächt wiedergeben.

Der Himmel ist der Schauplatz erstaunlicher Vorgänge. Einmal sind es Kometen, die mit ihrem Schweif drohen oder durch ihren Zerfall Betrachtungen auslösen. Einmal sind es Finsternisse, die immer Neues über die Gestalt und den Aufbau der Sonne und ihrer Umgebung offenbaren. Einmal sind es Neue oder aufleuchtende Sterne, die Schrecken verbreiten oder Fragen aufwerfen und den Druckern zu verdienen geben. Immer wieder wird sich der Mensch bewußt, daß die Natur mehr vermag, als der Mensch ahnt.

Dieses ständige Beachten und Erklären der himmlischen Vorgänge, dieses Warten auf die himmlischen Einflüsse, dieser Kampf mit Müdigkeit und Gleichgültigkeit — alles dies formt den Menschen um und läßt ihn mit Gleichgültigkeit oder Verdruß auf die

Sterndeuter schauen, die mit längst erledigten Gedanken sich beschäftigen.

In den letzten 100 Jahren machte der Mensch viele
Millionen von Beobachtungen und häufte Aufnahmen
auf Aufnahmen. Er baute sich Fernrohre, mit denen
er entfernteste Gegenstände auf seine Platten bannt
und zur ständigen Untersuchung bereithält. Was
machte der Mensch mit dieser Fülle von Erfahrungen? Wir wollen nicht davon sprechen, daß er Gegenstände kennenlernte, von denen selbst die verwe-
genste Phantasie der Griechen sich nichts träumen
ließ: platzende Sterne, Riesen- und Zwergsterne, die
Unmenge von Spiralnebeln und ihr Flug ins All, die
Beziehungen der Sonnentätigkeit zu den Vorgängen
auf der Erde, das Aussehen der großen Planeten. Sondern uns bewegt hier nur die Frage: Wie stellt sich
der Mensch zu dieser Fülle von Eindrücken? Ist er
nur der Rechner, der tagaus, tagein den Lauf der
Planeten berechnet, um den Sterndeutern Gelegenheit zu ihren Deutungen zu geben? Ist er nur der Beobachter, der Beobachtung auf Beobachtung häuft?
Welche Gedanken erwecken in ihm die Himmels-
gebilde? Welche Aufgaben sieht er vor sich? Wer
sich der Mathematik verschworen hat, der sieht mathematische Beziehungen in Hülle und Fülle. Noch
besser hat es der Physiker. Hier hat er das Laborato-
rium, das ihm auf Erden fehlt. Hier gibt es die Körper vom feinsten kosmischen Staub bis zu den Rie-
sensternen, viel größer als die Sonne, und bis zu den
schweren Zwergsternen. Welche unbegrenzten Möglichkeiten für Untersuchungen! Ist es verwunderlich,
daß sich die Physiker und Astronomen gern solchen
Problemen zuwenden? Der Astronom wird zuerst
fragen, ob die Gesetzmäßigkeit, die sich so schön im
Sonnenall geoffenbart, auch im Sternenall zu finden
ist. Noch vor 100 Jahren war man davon überzeugt,
daß sich beinahe alle Naturvorgänge durch Natur-

gesetze erklären und durch Formeln darstellen lassen. Diese Überzeugung schwand allmählich.

Können wir uns ein richtiges Bild vom Weltall machen? Wir wollen abends den Sternhimmel anschauen. Wir sehen den Mond und im Westen Jupiter und tief am Horizont die Venus. Und dahinter das Heer der Sterne. Von Mond, Jupiter und Venus können wir mit Sicherheit sagen, daß sie jetzt so aussehen; denn das Licht braucht nur kurze Zeit für den Weg von ihnen zu uns. Bei den Sternen ist es aber anders. Vom strahlenden Sirius ging das Licht vor 9 Jahren und von der weißleuchtenden Wega sogar vor 27 Jahren ab. Was kann sich bei diesen und anderen Sternen inzwischen alles ereignet haben? Vielleicht wurden einige Sterne inzwischen heller, wie vor mehreren Jahren der mittlere Stern der Cassiopeia, und wurden wieder schwächer. Offenbar gibt der Anblick des Himmels nicht den gegenwärtigen Zustand des Himmels, sondern nur den Blick in die Vergangenheit, der um so weiter reicht, als der Himmelskörper von uns entfernt ist. Nehmen wir uns einen kleinen Spiralnebel vor, der so weit entfernt ist, daß das Licht 500 Millionen Jahre braucht, um uns zu erreichen. Was ist dort seitdem alles geschehen? Da leuchteten häufig Neue Sterne auf, die in wenigen Tagen ihre Helligkeit um das 1000fache steigern — die Physiker sprechen von Kettenreaktionen riesigen Ausmaßes — und erlöschen rasch wieder. Und seltener leuchten andere Sterne, die sog. Supernovae auf, 1000mal heller als die gewöhnlichen Neuen Sterne; sie werden rasch schwächer und verwandeln sich zeitweise oder dauernd in einen Sternnebel. Ganze Sterngruppen werden leuchtend mit heißer Oberfläche und erlöschen wieder; denn ihre Lebensdauer beträgt nur 10—20 Millionen Jahre. Und häufig ist das Aufleuchten (Pulsieren) der Sterne mit kürzerer oder längerer Periode. Und viele dieser Vorgänge sind auf dem Spi-

ralnebel längst vorüber, wenn das Licht — der träge
Bote — uns die Nachricht bringt.

Wenn man sich die Vorgänge im Weltall vorstellen
will, so muß man sich ein besonderes Zeitmaß wäh-
len. Das Menschenleben ist dafür zu kurz. Denken
wir uns also ein Wesen, für das 1000 menschliche
Jahre gleich 1 Tag sind. Seine Augen mögen so weit
reichen wie unsere größten Fernrohre und nicht von
einer nahen Sonne geblendet werden. Was sieht ein
solches Wesen an seinem Tage ? Die Sterne stehen nicht
still, sondern kriechen dahin, der eine rasch, der andere
langsam. Es läuft ein Glitzern über die Sterne; denn
viele pulsieren und ändern ihre Helligkeit. Sterne verschwinden; denn die Zeit ihres Leuchtens ist abge-
laufen. Beinahe jede Minute leuchtet ein Neuer Stern
auf, und jede halbe Stunde wird eine Sterngegend erhellt durch die Explosion einer Supernova. Was soll
das bedeuten ? So fragt der Mensch. Steckt das Sternenall voller Rätsel ? Haben die Forscher nicht recht,
die sich nur an die regelmäßigen Vorgänge halten und
das andere — das Rätselhafte — ablehnen ?

Wenn der Sternforscher nach der Arbeit am Fernrohr nachts aus der Kuppel tritt, so freut er sich der
Stille: auf der Erde schweigt aller Lärm, nur wenige
Lichter bezeichnen die Straßen, und darüber thront
der bleierne Himmel, spärlich erhellt durch die rot-
gelbe Mondsichel und die vielen Sterne. Wie schön
ist doch die Unnahbarkeit des Himmels! Der Mensch
mag wandern oder rasen oder fliegen, so weit er will;
nie wird er den Himmel erreichen. Dieser Anblick erinnert immer wieder an die Vorstellungen von der Un-
endlichkeit und von der Schöpfungskraft Gottes —
Gedanken, wie sie seit dem Altertum immer wieder-
kehren. Wenn aber der Sternforscher zum Fernrohr
zurückkehrt und die Sterne betrachtet, so vermag er
nicht mehr mit Kant zu sagen ⟨149⟩: „Man kann das
Weltgebäude nicht ansehen, ohne die trefflichste An-

ordnung in ihrer Einrichtung und die sichersten Merkmale der Hand Gottes, in der Vollkommenheit ihrer
Beziehungen zu erkennen" und kann nicht dem fran-
zösischen Astronomen Laplace zustimmen, der um 1789
erklärte, daß eine übernatürliche Intelligenz mit dem
Newtonschen Bewegungsgesetz Vergangenheit und Zukunft der Welt in jeder Einzelheit berechnen könne,
wie es Newton für die Planeten gemacht habe ⟨169,
S. VII⟩. Die Vorgänge am Sternhimmel müssen stutzig
machen und den Glauben an die leichte Erklärbarkeit
der Vorgänge nehmen. Offenbar genügen unsere Erfahrungen aus dem Sonnenall nicht für die übrige Welt.

Wie haben sich doch die Vorstellungen vom Weltall geändert! Früher galten die Sterne als Merkmale
der Unveränderlichkeit, und die Anordnung des Himmels wurde bewundert. Mit der Regelmäßigkeit der
Vorgänge in den Sternen scheint es aber vielfach so
zu sein wie mit den Kristallen ⟨46⟩. Nur selten ist die
Regel erfüllt. Gewöhnlich sind die Abweichungen.

Entstehen und Vergehen scheint die Welt zu beherrschen. Nur die Erde erfreut sich einer ungestörten
Ordnung im Sonnenall. Ist die Erde vorgesehen als
ruhige Beobachtungsstätte, von wo aus die Menschen
die Welt betrachten? Oder hat die Natur etwas anderes vor? Bedenken wir die erstaunliche Eroberung
der Erde durch die Menschen; die riesige Vermehrung
der Menschen, die zu einer ganz anderen Ausnützung
der Erde zwingt; die Beherrschung der Naturkräfte
durch die Menschen, wie es noch nie zuvor den Lebewesen gelang; die Gewinnung riesiger Kräfte durch
die Atomzertrümmerung. Und bedenken wir, daß
der Mensch dazu wie durch Naturgewalt getrieben
wurde, daß es die Betrachtung des Himmels war, die
ihn zum Nachdenken und zur Erkenntnis der Naturgesetze zwang; können wir dann noch zweifeln, daß
dies ein Vorgang ist, der — sich mehr und mehr verstärkend — im Weltall zur Wirkung kommen wird?

SCHRIFTTUM

1. *Allen, Don Cameron:* The star-crossed Renaissance: the quarrel about Astrology and its influence in England. Durham 1941.

2. *Anderson, Walter:* Die Marspanik in Estland 1921 (Zeitschrift d. Vereins für Volkskunde in Berlin 1925—26, S. 229—252).

3. *Archenhold, F. S.:* Alte Kometen-Einblattdrucke (Mappe mit 25 Blättern ohne Erklärung).

4. *Avenarius, F.:* Hausbuch deutscher Lyrik. Taschenausgabe.

5. *Balss, H.:* Antike Astronomie. München 1949.

6. *Bartels, J.:* Schwingungen der Atmosphäre (Die Naturwissenschaften 1927, S. 860).

7. *Bauer, Georg-Karl:* Sternkunde und Sterndeutung der Deutschen im 9.—14. Jahrhundert unter Ausschluß der reinen Fachwissenschaft (Germanische Studien, Heft 186). Berlin 1937.

8. *Beja, António de:* Contra os Juízos dos Astrólogos. Coimbra 1943.

9. *Bellac, Paul:* Der Gedanke einer periodischen Weltschöpfung (Die Sterne 28, 1952, S. 39—40).

10. *Bengel, Joh. Albrecht:* Cyclus oder sonderbare Betrachtung über das große Weltjahr. Leipzig 1773.

11. *Bergsträsser, G.,* u. *Boll, Fr.:* Neue meteorologische Fragmente des Theophrast (Sitz.-Ber. d. Heidelberger Akad. d. Wiss., Phil.-hist. Kl., Jahrg. 1918, 9. Abh.).

12. *Bernhard, O.:* Sonnengott auf griechischen und römischen Münzen (Schweizerische numismatische Rundschau 25, 1933, S. 245—98).

13. *Bezold, Carl:* Astronomie, Himmelsschau und Astrallehre bei den Babyloniern (Sitz.-Ber. d. Heidelberger Akad. d. Wiss., Phil.-hist. Kl., Jahrg. 1911, 2. Abh.).

14. — u. *Boll, Fr.:* Reflexe astrologischer Keilinschriften bei griechischen Schriftstellern (Sitz.-Ber. d. Heidelberger Akad. d. Wiss., Phil.-hist. Kl., Jahrg. 1911, 7. Abh.).

15. *Bezold, Fr. v.:* Astrologische Geschichtskonstruktion im Mittelalter (Quiddes, Deutsche Zeitschrift f. Geschichtswissenschaft VIII, S. 36—63).

16. *Beyer, Herm.:* El llamado „Calendario Azteca". Mexico 1921.

17. *Bidez, J.:* Julian der Abtrünnige. München 1940.

18. *Biot, J. B.:* Etudes sur l'astronomie indienne et sur l'astronomie chinoise. Paris 1862.
19. *Birkenmajer, Lud.:* Marcin Bylica z Olkusza. Krakow 1892.
20. *al-Biruni:* The book of instruction in the elements of astrology. Edited by Jarlāl Homa'i. Teheran 1940.
21. *Bissing, Fr. W. v.:* Das Re-Heiligtum des Königs Newoser-re. Bd. I: Der Bau von L. Bochardt. Berlin 1905.
22. *Bok, Bart. J.:* The time-scale of universe (Monthly Notices of the R. Astronomical Society 106, London 1946, S. 61—75).
23. *Boll, Fr.:* Beiträge zur Überlieferungsgeschichte der griechischen Astrologie und Astronomie (Bayerische Akad. d. Wiss., Sitz.-Ber. d. phil.-philol. u. histor. Kl. 1899, H. I).
24. — Sphaera. Neue griechische Texte und Untersuchungen zur Geschichte der Sternbilder. Leipzig 1903.
25. — Aus der Offenbarung Johannis. Berlin 1914.
26. — Eine arabisch-byzantinische Quelle des Dialogs Hermippos (Sitz.-Ber. d. Heidelberger Akad. d. Wiss., Philos.-histor. Kl., 1912, 18. Abh.).
27. — Sternglaube und Sterndeutung. Leipzig 1918.
28. Die Sonne im Glauben und in der Weltanschauung der alten Völker. Stuttgart 1922.
29. Sternglaube und Sterndeutung. Die Geschichte und das Wesen der Astrologie. 3. Aufl. Leipzig-Berlin 1926.
30. Kleine Schriften zur Sternkunde des Altertums. Leipzig 1950. (S. 1—28: Die Erforschung der antiken Astrologie. S. 29—41: Vom Weltbild der griechischen Astrologen. S. 62 bis 80: Über Astrologie. S. 99—114: Der ostasiatische Tierzyklus. S. 115—124: Sternenfreundschaft. S. 125: Synastria. S. 135—142: Der Stern der Weisen. S. 143 bis 155: Das Epigramm des Claudius Ptolemaeus. S. 156 bis 224: Die Lebensalter. S. 225— 282: Die Entwicklung des astronomischen Weltbildes im Zusammenhang mit Religion und Philosophie. S. 369—396: Der Sternglaube in seiner historischen Entwicklung.)
31. *Borchardt, L.:* Längen und Richtungen der vier Grundkanten der Großen Pyramide bei Gise. Berlin 1926.
32. *Bouché-Leclercq, A.:* L'Astrologie Grecque. Paris 1899.
33. *Bredon, Juliet,* u. *Mitrophanow, Igor:* Das Mondjahr. Chinesische Sitten, Bräuche und Feste. Wien 1937.
34. Briefwechsel zwischen *Bessel* und *Steinheil.* Leipzig und Berlin 1913.
35. *Brockelmann, C.:* Der Islam von seinen Anfängen bis zur Gegenwart (Weltgeschichte). Berlin 1910.
36. *Brown, E. W.:* The evidence of changes in the rate of rotation of the earth and their geophysical consequences, with a summary and discussion of the deviations of the moon and sun from their gravitational orbits (Transactions of the Astronomical Observatory of Yale University 3, part 6, 1926, S. 209—235).

36a. *Bruhns, K.:* Briefe zwischen A. v. Humboldt und Gauss. Leipzig 1877.

37. *Burckhardt, Jacob:* Die Kultur der Renaissance in Italien II, Leipzig 1908.

38. *Carvalho, Joaquim de:* Estudos sobre a Cultura Portuguesa do século XVI. Vol. I—II. Coimbra 1947—48.

39. Catalogus Codicum Astrologorum Graecorum. Vol. I bis XII. Bruxelles 1898—1940.

40. *Censorinus:* De Die Natali Liber. Leipzig 1867.

41. *Charlier, C. V. L.:* Über die Orientierung altchristlicher Kirchen (Vierteljahrsschrift d. Astronom. Gesellschaft 37, 1902, S. 229—233).

42. — u. *Engström, F.:* Porträtgalerie der Astronomischen Gesellschaft. Stockholm 1904.

43. *Chatley, Herbert:* The Egyptian celestial diagram (The Observatory 63, 1940, S. 68—72).

44. *Chwolsohn, D.:* Die Ssabier und der Ssabismus. St.Petersburg 1856.

45. *Chu Coching:* The origin of twenty-eigth mansions in astronomy (Popular Astronomy 55, 1947, S. 62—78).

46. *Corren, Carl W.:* Ordnung und Unordnung in den Kristallen (Joachim-Jungius-Gesellschaft d. Wissenschaften. Das Problem der Gesetzlichkeit. Hamburg 1949, II, S. 7—23).

47. *Cravelius, Georg Ernst:* Astrologia sive Disputatio Physica de Stellis. Hamburg 1682.

49. *Danzel, Th. W.:* Mexiko I (Kulturen der Erde Bd. XI). Hagen 1922.

50. *Danzel, Hedwig* u. *Th.-Wilh.:* Sagen und Legenden der Südsee-Insulaner. Hagen und Darmstadt 1923.

51. *Danzel, Th. W.:* Magie und Geheimwissenschaft. Stuttgart 1924.

52. *Daressy, M. Georges:* La statue d'un astronome (Annales du Service des Antiquités de l'Egypte 16, 1916, S. 1—5).

53. *Das, Sukumar Ranjan:* The Naksatras or the constellation in Jaina astronomy (JHA Commemoration volume, Essays on oriental subjects. S. 129—38. Poona 1937).

54. *David, Madel:* La théorie astrobiologique et la notation de Destin (Revue d'Histoire des Religions 131, 1946, S. 73—80).

54a. *Déchelette, Jos.:* Le culte du soleil aux temps préhistoriques (Révue Archéologique, IV. Série 13, S. 305—357; 14, S. 94—123). Paris 1909.

55. *De Coster, Charles:* Untertänige Bitte an den Kometen (Brabanter Geschichten, S. 87—97. Leipzig 1917, Insel-Verlag).

56. *Disselhoff, H. D.:* Altamerikanische Kulturen (Saeculum 1, 1950, S. 137—162).

57. — Tahuantinsuyu — Das Reich der Inka (Saeculum 2, 1951, S. 76—113).

58. *Dittrich, A.:* Wo bleibt die Kenntnis der Sternphasen bei

den Germanen? (Vierteljahrsschrift d. Astronom. Gesellschaft 71, 1936, S. 64—66.)

59. — Die Sternphasen bei den Germanen (Vierteljahrsschrift d. Astronom. Gesellschaft 71, 1936, S. 417—19).

60. *Dittrich, Ernst:* Sonnwend- und Sternberge (Das Weltall 29, S. 20—21).

61. — Die Orientierungsfrage (Das Weltall 29, S. 108—114).

62. *Dölger, Franz Jos.:* Sol salutis. Gebet und Gesang im christlichen Altertum. Mit besonderer Rücksicht auf die Ostung in Gebet und Liturgie (Liturgiegeschichtl. Forschungen, Heft 4—5). Münster 1925.

63. *Drecker, Dr. J.:* Zeitmessung und Sterndeutung. Berlin 1925.

64. *Dreyer, J. L. E.:* Tycho Brahe. Karlsruhe 1894.

65. *Drower, Ethel:* The book of the zodiac D. C. 31 (Oriental Translation Fund 36). London 1949.

66. *Düwell, Fritz,* u. *Diederich, Franz:* Kometen. Wissenschaft und Aberglaube. Dresden 1910.

67. *Eisler, Robert:* Weltenmantel und Himmelszelt. München 1910.

68. — The Royal Art of Astrology. London 1946.

69. *Eitel, E J.:* Feng-Shoui ou Principes de science naturelle en Chine. Paris 1880.

70. *Elander, Rud.:* Erik XIV s. astrologiska anteckningar om sturemorder (Lychnos 1944—45, S. 281—89).

71. *Engelbrecht, Aug.:* Hephaestion von Theben und sein astrologisches Compendium. Wien 1887.

72. *Erdland, P. Aug.:* Die Sternkunde bei den Seefahrern der Marshallinseln (Anthropos 5). Wien 1910.

73. *Erlandsson, Hans:* The orientation of the cathedral of Lund. Lund 1948.

73a.*Erman, Ad.* u. *Ranke, H.:* Ägypten und ägyptisches Leben im Altertum. Tübingen 1923.

74. *Faraut F. G.:*Astronomie Cambodgienne. Saigon 1910.

75. *Festugière, A. M. J.:* La révélation d'Hermes Trismegiste. Paris 1944—49.

76. *Fettweis, Ewald:* Ethnologische Beiträge zur Ortungsfrage 1939 (Vierteljahrsschrift d. Astronomischen Gesellschaft 73, 1938, S. 23—43).

77. *Fischer, Otto:* Wanderfahrten eines Kunstfreundes in China und Japan. Berlin 1939.

78. *Frank, Erich:* Plato und die Pythagoräer. Halle 1923.

79. *Franz, Ad.:* Die kirchlichen Benediktionen im Mittelalter. Freiburg 1909.

80. *Freundlich, E. Finlay:* Der gegenwärtige Stand der Prüfung der Relativitätstheorie (Wissenschaftl. Annalen 1952).

81. *Freundorfer, Jos.:* Die Apokalypse des Apostels Johannes und die hellenistische Kosmologie und Astrologie (Bibl Studien XXIII, Heft 1). Freiburg 1929.

82. *Friedrich, Joh.:* Astrologie und Reformation. München 1864.
83. *Friedrich, Karl Josef:* Mein Sternenpate oder Sternenkunde für Kinder und andere liebe Leute. Leipzig 1923.
84. *Friedrichs, Gustav:* Germanische Astronomie und Astrologie während der Stein- und Bronzezeit. Die Gertruden-Höhle bei Osnabrück, eine germanische Kultstätte um 1600 v. Chr. Lindenberg.
85. *Frisch, Karl von:* Nachrichtendienst im Bienenstock. Die Neue Zeitung v. 17. Mai 1950.
86. *Frobenius, Leo:* Die Kultur Afrikas. Zürich 1933.
87. *Fuchs, Bruno Arch.:* Die Ikonographie der 7 Planeten in der Kunst Italiens bis zum Anfang des Mittelalters. Diss. München 1909.
88. *Furlani, G.:* Tre trattati astrologici siciaci sulle eclissi solare e lunare (Accad. Naz. dei Lincei. Rendiconti Cl. Sc. morale storiche e filol., 2, 1947, S. 569—606).
89. *Gamow, G.:* Geburt und Tod der Sonne. Basel 1947.
90. *Gandz, Solomon:* Origin of the planetary week or the planetary week in Hebrew literature (Proc. Americ. Acad. for Jewish Research 18, 1949, S. 213—54).
91. *Gerhardt, Os.:* Der Stern des Messias. Das Geburts- und das Todesjahr Jesu Christi nach astronomischer Berechnung. Leipzig 1922.
92. — Grundzüge der Chronologie Jesu Christi (Forschungen und Fortschritte 10, 1934, S. 112, 127—128).
93. *Getty, R. J.:* The astrology of P. Nigidius Figulus (The Classical Quarterly 35, 1941, S. 17—22).
94. *Glaubrecht, O.:* Der Kalendermann vom Veitsberg. Friedberg 1928.
95. *Goldbeck, Ernst:* Der Mensch und sein Weltbild. Leipzig 1925.
96. *Graff, K.:* Der Halleysche Komet (Himmel und Erde 21, 1908, S. 13—21).
97. *Grauert, Herm.:* Meister Johann von Toledo (Sitz.-Ber. phil.-philol. u. hist. Kl. d. Bayr. Akad. d. Wiss. 1901, Heft II).
98. *Gregory, Joshua:* Astrology and astronomy in the seventeenth century (Nature 159, 1947, S. 393—94).
99. *Greiner, Karl:* Der astronomische Figurenfries am Hirsauer Klosterturm. Calw 1934.
100. *Gressmann, Hugo:* Die hellenistische Gestirnreligion (Beihefte zum Alten Orient, Heft 5, 1925).
101. *Griffini:* Intorno alle stazioni lunari (Rivista degli studi orientali I, S. 423—38, 607—08).
102. *Grimme, Hubert:* Das israelitische Pfingstfest und der Plejadenkult. Studien z. Geschichte u. Kultur d. Altertums. Paderborn 1907.
103. *Groot, J. J. M. de:* Universismus. Die Grundlage der Religion und Ethik, des Staatswesens und der Wissenschaften Chinas. Berlin 1918.

104. *Günther, Siegmund:* Kosmo- und geophysikalische An-
    schauungen eines vergessenen bayer. Gelehrten. Mün-
    chen 1914.
105. *Guerin, J. M. F.:* Astronomie indienne. Paris 1847.
106. *Gundel, W.:* Sterne und Sternbilder im Glauben des
    Altertums und der Neuzeit. Bonn und Leipzig 1922.
107. — Neue astrologische Texte des Trismegistos (Abh. d.
    Bayer. Akad. d. Wiss., Philos.-histor. Abt., N. F., Heft
    12). München 1936.
108 — Dekane und Dekansternbilder. Glückstadt u. Ham-
    burg 1936.
109. — Religionsgeschichtliche Lesefrüchte aus lateinischen
    Astrologenhandschriften. Bruxelles 1936.
110. *Haarmann, Erich:* Die Oszillationsthorie, eine Erklä-
    rung der Krustenbewegungen von Erde und Mond. Stutt-
    gart 1930.
111. *Hagenbach, K. R.:* Leonhard Euler als Apologet des Chri-
    stentums. Basel 1851.
112. *Haliburton, R. G.:* The Festival of the Dead. The Year of
    the Pleiades. 1863. (Neudruck: Journal Canadian R.
    Astronom. Society 14, 1920, S. 19, 59, 99, 144.)
113. *Hammett, Fred. S.:* The ancient Hindu cosmogony as a
    source of sensory classification antedating the modern
    (Scientia 33, 1939).
114. *Haskins, Ch. Homer:* Studies in the History of Medi-
    aeval Science. Cambridge 1927.
115. *Hauber, A.:* Planetenkinderbilder und Sternbilder (Stu-
    dien zur d. Kunstgeschichte 194). Straßburg 1916.
116. *Hawley, W.:* Report on the Excavations at Stonehenge
    (The Antiquaries Journal, Vol. I—X). Oxford 1921—30.
117. *Heath, Thomas L.:* Greek Astronomy. London 1932.
118. *Heiberg, J. L.:* Geschichte der Mathematik und Natur-
    wissenschaften im Altertum (Handbuch d. Altertums-
    wissenschaft V. Bd., 1. Abt., 2. Hälfte). München 1925.
119. *Heilbronn, Isak:* Die mathematischen und naturwissen-
    schaftlichen Anschauungen des Josef Salomo Medigo.
    Diss. Erlangen 1913.
120. *Heinsch, Dr.:* Vorzeitliche Ortung in kultgeometrischer
    Sinndeutung: Der „Maßbaum" der Edda im Sonnen-
    jahrkreise (Allgemeine Vermessungs-Nachrichten, Berlin
    1937, Nr. 22).
121. *Hellmann, G. Doris:* The comet of 1577. New York 1944.
122. — Additional Tracts on the Comet of 1577 (Isis 39,
    S. 172—74).
123. *Hellmann, G.:* Neudrucke von Schriften und Karten über
    Meteorologie und Erdmagnetismus: Nr. 12. Wetterpro-
    gnosen und Wetterberichte des XV. und XVI. Jahr-
    hunderts. Berlin 1899; Nr. 15: Denkmäler mittelalter-
    licher Meteorologie. Berlin 1904.
124. — Die Wettervorhersage im ausgehenden Mittelalter
    (Beiträge 8).

125. *Hellmann, G.:* Wetterpropheten des XIX. u. XX. Jahrhunderts (Beiträge 9).
126. — Beiträge zur Geschichte der Meteorologie Nr. 6—10, Berlin 1917; Nr. 11—15, Berlin 1922.
127. *Hennig, Richard:* Das Geburts- und Todesjahr Christi. Essen 1936.
128. *Henseling, Rob.:* Das All und wir. Das Weltgefühl der Gegenwart und seine Urgeschichte. Berlin 1936.
129. — Umstrittenes Weltbild. Astrologie. Welteislehre. Um Erdgestalt und Mitte. Leipzig 1939.
130. *Hermann, Alfred,* und *Schwan, Wolf:* Ägyptische Kleinkunst. Berlin 1940.
130a. *Herodots* Historien. Übersetzt von A. Horneffer. Leipzig 1910.
131. *Heseltine, G. C.:* The Kalendar and Compost of Shepherds. London 1930.
132. *Hess, Wilhelm:* Himmels- und Naturerscheinungen in Einblattdrucken des XV. bis XVIII. Jahrhunderts. Leipzig 1911.
133. *Hilgenberg, Luise:* Die kosmographische Episode im Mahābhārata und Padmapurana textgeschichtlich dargestellt (Bonner Orientalistische Studien, Heft 4). Stuttgart 1934.
134. *Hirschberg, Walter:* Die Plejaden in Afrika und ihre Beziehung zum Bodenbau (Zeitschrift f. Ethnologie 61, Heft 4— 6).
135. *Hogrebe, Jos.:* Himmelskunde bei den Germanen. Frankfurt 1936.
136. *Holmes, A.:* The Age of the Earth. (Annual Report of the . . . Smithsonian Institution. 1948. S. 227—39).
137. *Hopmann, J.:* Methodisches zur vorgeschichtlichen Sternkunde (Mannus 26, Bd. 1934).
138. — Die Ortung an den Externsteinen (Mannus 27, 1935, S. 143—53).
139. *Horn-d'Arturo, G.:* Numeri Arabici e Simboli Celesti. Roma 1925.
140. *Hurt, J.:* Über esthnische Himmelskunde. St. Petersburg 1900.
141. *Jeremias, Alf.:* Handbuch d. altorientalischen Geisteskultur. 1. Aufl. Leipzig 1913.
141a. — 2. Aufl. Berlin 1929.
142. *I Ging:* Das Buch der Wandlungen. Aus dem Chinesischen verdeutscht und erläutert von Richard Wilhelm. Düsseldorf 1950.
143. *Imhof-Blumer, F.:* Kometen auf antiken Münzen. Neue Züricher Zeitung 1910, Nr. 49.
144. *Johnson, Francis R.:* Astronomical thought in Renaissance England. Baltimore 1937.
145. *Jordan, Pascual:* Das Bild der modernen Physik. Hamburg 1947.
146. — Über die empirischen Tatsachen zum Problem der

Sternentstehung (Abh. d. Akad. d. Wiss. und d. Lit. zu Mainz., Math.-naturw. Kl., 1950, Nr. 8).
147. Josephus gegen Apion. Übersetzt v. Dr. H. Clementz. Halle.
148. *Jourdain, M. Charles:* Nicolas Oresme et les astrologues de la cour de Charles V. (Revue des questions historiques, Paris 1875).
149. *Kant, I.:* Allgemeine Naturgeschichte und Theorie des Himmels. 8. Hauptstück. Königsberg 1755.
150. *Katrarios, Joh.:* Anonymi christiani Hermippus de astrologia dialogus. Leipzig 1925.
151. *Kepler, Joh.:* Mysterium Cosmographicum. Das Weltgeheimnis. Augsburg 1923.
152. Johannes Kepler in seinen Briefen. Herausgegeben von Max Caspar und Walter von Dyck. München und Berlin 1930.
153. *King, W. J. H.:* Pioneer Desert Exploration (Geographical Journal 1931, S. 541—47).
154. *Kircher, Ath.:* Iter Exstaticum. Würzburg 1671.
155. *Kirfel, W.:* Die Kosmographie der Inder. Bonn u. Leipzig 1920.
156. *Kiss, E.:* Die Sonnenwarte Kalasasaya (Die Umschau 34, 1930, S. 391—97 und 674).
157. — Das Sonnentor von Tihuanaku u. Hörbigers Welteislehre. Leipzig 1937.
157a. *Klippel, Ernst:* Unter Senūsy-Brüdern, Drusen und Teufelsanbetern. Braunschweig 1942.
158. *Klöckler, Frh. v.:* Astrologie als Erfahrungswissenschaft. Leipzig 1927.
159. *Klüber, H. v.:* Die Sternkunde bei den Völkern der Sundainseln (Die Sterne 1931).
160. *Kötz, Alfred:* Über die astronomischen Kenntnisse der Naturvölker Australiens und der Südsee. Leipzig 1911.
161. *Krause, Arthur:* Die Astrologie. Entwicklung, Aufbau und Kritik. Leipzig 1927.
162. *Kreichgauer, P.:* Die ältesten Zeugnisse mexikanischer Kultur (Festschrift Ed. Seler). Stuttgart 1922.
162a. *Krickeberg, Walter:* Moctezuma II. (Saeculum 3, 1952, S. 255—276).
163. *Kroll, Jos.:* Die Lehren des Hermes Trismegistos. Münster 1928.
164. *Kroll, Wilh.:* Die Kosmologie des Plinius (Abh. d. Schlesischen Ges. f. vaterländ. Kultur, Geisteswiss. Reihe, 3. Heft). Breslau 1930.
165. *Kubin, A.:* Die Planeten. Leipzig 1943.
166. *Kubler, George,* and *Gibson, Ch.:* The Tovar Calendar (Mem. of the Connecticut Acad. XI, 1951). New Haven.
167. *Kugler, Franz X.:* Sibyllinischer Sternkampf und Phaethon. Münster 1927.
168. — Sternkunde und Sterndienst in Babel I—II. Münster 1907—13.

169. *Laplace, P. S.:* Théorie analytique des probabilités. 3. Edition = Oeuvres VII, Paris 1886, S. VI—VII.
170. *Le Comte, Louis:* Nouveaux Mémoires sur l'état présente de la Chine. Amsterdam 1698.
171. *Leistner, L. W.:* The western church and astrology during the early middle ages (Harvard Theol. Rev. 34, 1941, S. 251—75).
172. *Lewis, George Cornewall:* An historical survey of the astronomy of the ancients. London 1862.
173. *Lichtenberg, Georg Fr.:* Aphorismen. Leipzig.
174. *Liebschütz, Hans:* Das allegorische Weltbild der heiligen Hildegard von Bingen. Leipzig 1930.
175. *Lienau, M. N.:* Über stelenartige Grabsteine, Sonnenkult und Opferstätten (Mannus 5, 1913, S. 195—234).
176. *Lin Yutang.* Peking. 1950.
177. *Lockyer, Norman:* The dawn of astronomy. London 1894.
178. — Stonehenge and other british stone monuments. London 1909.
179. *Loth, Otto:* Al-Kindi als Astrologe (Morgenländische Forschungen, Leipzig 1875, S. 264—70).
180. *Lübke, Anton:* Der Himmel der Chinesen. Leipzig 1931.
181. Frühling und Herbst des Lü Bu We. Aus dem Chinesischen übertragen von Richard Wilhelm. Jena 1928.
182. *Lundmark, Knut:* On greek Cosmogony and astronomy. Lund 1937.
183. — Nya himlar. Stockholm 1943.
184. *Maass, Alfred:* Wahrsagekalender (Kutika) im Leben der Malaien Zentralsumatras. Berlin 1910.
185. *Mädler, J. H.:* Zur Kometenkunde (C. A. F. Peters. Zeitschrift f. populäre Mitteilungen 1, Altona 1858, S. 69 bis 87).
186. — Geschichte der Himmelskunde. Braunschweig 1873.
187. *Makemson, M. Wor.:* The Morning Star Rises. New Haven 1941.
188. *Martiny, G.:* Die Kultrichtung in Mesopotamien (Studien zur Geschichte d. Bauforschung, Heft 3). Berlin 1932.
189. *McCombe, Leonard:* Bei den Navaho-Indianern (Atlantis 1949, S. 7).
190. *Meier, P. J.:* Die Feuer der Sonnenwende (Anthropos 1912, S. 706—21).
191. *Melchers, Bernh.:* China II: Der Tempelbau. Hagen 1922.
192. *Menon, C. P. S.:* Early astronomy and cosmology. London 1932.
193. Mercurius Platonissans (Michael Praun) Cometae malus genius Sive Dissertatio singularis quae Ad exercitanda conditiorum ingenia disquiritur. An non Cometae per malos Genios regantur. 1662.
193a.*Meyer, P. Heinrich:* S. V. D. Wunekam, oder Sonnenverehrung in Neuguinea (Anthropos 27, 1932, S. 819—854).
194. *Mihira, Varāha:* Das große Buch der Nativitätslehre Hamburg 1925.

195. *Milankovich, M.*: Mathematische Klimalehre und astronomische Theorie der Klimaschwankungen (Handbuch d. Klimatologie). Berlin 1930.
196. *Mirandola, Giov. Pico della:* Ausgewählte Schriften, übersetzt und eingeleitet von Arthur Liebert. Jena 1905.
197. *Montanari, Gem.*: L'astrologia convinta di falso. Venetia 1685.
198. *Müller, Rolf:* Die Intiwatana (Sonnenwarten) im alten Peru (Baessler-Archiv XIII). Berlin 1929.
199. — Der Sonnentempel in den Ruinen von Tihuanacu. Versuch einer astronomischen Altersbestimmung (Baessler-Archiv XIV). Berlin 1931.
200. — Die astronomische Bedeutung des Mecklenburgischen „Steintanzes" bei Bützow (Praehistorische Zeitschrift XXII). 1931.
201. — Zur Frage der astronomischen Bedeutung der Steinsetzung von Odry (Mannus 1934).
202. — Himmelskundliche Ortung auf nordisch-germanischem Boden. Leipzig 1936.
203. — Die astronomische Bedeutung des Kriemhildenstuhls bei Dürkheim (Mannus 29, 1937, S. 265—79).
204. — Ergebnisse einer Vermessung vorgeschichtlicher Grabhügel auf der Insel Sylt (Mannus 1939).
205. *Müller, Wilhelm:* Japanisches Mädchen- und Knabenfest (Zeitschrift f. Ethnologie 43, 1911, S. 568—80).
206. *Negelein, Julius v.*: Die ältesten Meister der indischen Astrologie und die Grundidee ihrer Lehrbücher (Zeitschrift d. Deutschen Morgenländ. Gesellschaft Bd. VII, Heft 1). Leipzig 1928.
207. *Nielsen, Detlef:* Die altarabische Mondreligion und die mosaische Überlieferung. Straßburg 1904.
208. *Nieuwenhuis.* Die Veranlagung der malaiischen Völker des ostindischen Archipels (Internat. Archiv f. Ethnographie 23, 1915—16, S. 77—79).
209. *Nilsson, Martin P. N.*: Tideräkningen. Stockholm 1934.
210. — The rise of astrology in the hellenistic age. Lund 1943.
211. — Astrology in antiquity (Lychnos 1943, S. 21—32).
212. *Nissen, Heinrich:* Orientation. Studien zur Geschichte der Religion. Berlin 1906—10.
213. *Norden, Eduard:* Die Geburt des Kindes (Studien der Bibliothek Warburg). Leipzig 1931.
213a. *Nork, F.:* Der Festkalender. Stuttgart 1847.
214. *Normann, Friedr.*: Mythen der Sterne. Stuttgart 1925.
215. *Noti, Severin:* Land und Volk des Königlichen Astronomen Dschai-singh II, Maharadscha von Dschaipur. Berlin 1911.
216. *Ohlmarks, Ake:* Quelques aspects de l'identification de constellations sur les rochers sculptés par rapport à l'histoire des religions. Lund 1937.
217. *Oppenheim, S.:* Das astronomische Weltbild im Wandel der Zeit. Leipzig 1912.

218. *Palacios, Enr.:* The Stone of the Sun and the First Chapter of the History of Mexico (The University of Chicago, Department of Anthropology, Bull. VI). 1921.
219. *Pfeifer, Erwin:* Studien zum antiken Sternglauben. Leipzig 1916.
220. *Pietschmann, Richard:* Hermes Trismegistos nach ägyptischen, griechischen und orientalischen Überlieferungen. Diss. Leipzig 1875.
221. Die Reisen des Venetianers *Marco Polo* im dreizehnten Jahrhundert. Leipzig 1845.
222. *Posnansky, A.:* Kulturvorgeschichtliches und die astronomische Bedeutung des großen Sonnentempels von Tihuanacu in Bolovien (Das Weltall 24, 1924, S. 144—52).
223. *Pringsheim, E.:* Physik der Sonne. Leipzig 1910.
224. *Pruckner, Hubert:* Studien zu den astrologischen Schriften des Heinrich von Langenstein. Leipzig 1933.
225. Des Claudius *Ptolemäus* Handbuch der Astronomie. Leipzig 1912—13.
226. Claudius *Ptolemäus'* astrologisches System. I.—IV. Buch (Tetrabiblos). Aus dem Griechischen übersetzt von Dr. J. W. Pfaff. Düsseldorf 1938.
227. *Rehm, A.:* Mythographische Untersuchungen über griechische Sternsagen. Diss.München 1896.
228. — Parapegmastudien. Mit einem Anhang: Euktemon und das Buch De signis. (Abhd. Bayer. Akad. d. Wiss., Phil.-histor. Abt., N. F. Heft 19). München 1941.
229. *Reiners, Ludwig:* Steht es in den Sternen? Eine wissenschaftliche Untersuchung über Wahrheit und Irrtum der Astrologie. München 1951.
230. *Reinhardt, Karl:* Poseidonius. München 1921.
231. — Kosmos und Sympathie. München 1926.
232. *Reinsberg-Düringsfeld, Otto Frh. v.:* Das festliche Jahr in Sitten, Gebräuchen, Aberglauben und Festen der germanischen Völker. 2. Aufl. Leipzig 1898.
233. — Fest-Kalender aus Böhmen (Prag 1864).
234. *Renaud, H. P. J.:* Astronomie et astrologie marocaines (Hesperis 1942, S. 41—63).
235. *Reuter, O. S.:* Germanische Himmelskunde. München 1934.
236. *Richel, A.:* Astrologische Volksschriften der Aachener Stadtbibliothek. Aachen 1897.
237. *Ries, E.:* Nechepsonis et Petosiridis Fragmenta Magica. Diss. Bonn 1890.
238. *Robinson, J. H.:* The Great Comet of 1680. A Study in the history of rationalism. Northfield 1916.
239. *Röck, Fr.:* Die kulturhistorische Bedeutung von Ortungsreihen und Ortungsbildern (Anthropos XXV, 1930, S. 255—302).
240. *Röhrig, Herb.:* Heilige Linien durch Ostfriesland. Aurich 1930.
241. *Roscher, W. H.:* Über Selene u. Verwandtes. Leipzig1890.

242. *Rufus, W. C.:* Korean Astronomy. Seoul 1936.
243. *Ruska, Julius:* Griechische Planetendarstellungen in arabischen Steinbüchern (Sitz.-Ber. d. Heidelberger Akad. d. Wiss., Phil.-hist. Kl., 1913).
244. *Samaha, Abdel Hamid:* Notes as to cosmological ideas in al Quran. Lund 1938.
245. *Sarton, G.:* Indroduction to the history of science. Vol. I—III. 1927—48.
246. *Sartorius von Waltershausen, W.:* Gauss zum Gedächtnis. Leipzig 1856.
247. *Saussure, L. de:* Origine babylonienne de l'astronomie chinoise. Paris 1923.
248. — Les origines de l'Astronomie Chinoise. Paris 1930.
249. *Saxl, Fr.:* Verzeichnis astrologischer und mythologischer illustrierter Handschriften des lateinischen Mittelalters. Bd. I—II (Sitz.-Ber. d. Heidelberger Akad. d. Wiss., Phil.-histor. Kl., 1915, Nr. 6—7, und 1925—26, Nr. 2).
250. — Atlas, der Titan, im Dienst der astrologischen Erdkunde (Imprimatur 1933, S. 44—55).
251. *Scherer, W.:* Johannes Kepler und der Dreikönigsstern (Kepler-Festschrift I, S. 225—230). Regensburg 1930.
252. *Schiaparelli, Giov.:* Die Astronomie im Alten Testament. Gießen 1904.
253. *Schnabel, Paul:* Beossos und die babylonisch-hellenistische Literatur. Leipzig 1923.
254. *Schoeps, H. J.:* Umstrittene Grenzgebiete. Astrologie — Trugschluß oder Wissenschaft? Erlangen 1950.
255. *Schuchhardt, C.:* Alteuropa. Berlin 1926.
256. *Schultz, Wolfgang:* Zeitrechnung und Weltordnung. Leipzig 1924.
257. *Schwarzbach, Martin:* Das Klima der Vorzeit. Stuttgart 1950.
258. *Seler, E.:* Die Sage von Quetzalcouath und den Tolteken in den in neuerer Zeit bekanntgewordenen Quellen (Internat. Amerikanistenkongreß, XVI. Tagung, Wien 1908, S. 129—50).
259. *Sethe, Kurt:* Altägyptische Vorstellungen vom Lauf der Sonne (Sitz.-Ber. d. Preuß. Akad. d. Wiss., Phil.-hist. Kl., XXII). 1928.
260. *Sigerist, H. E.:* The sphere of life and death in early mediaeval manuscripts (Bull. of the History of Medicine 11, 1942, S. 292—303).
261. *Soldati, B.:* La poesia astrologica nel quattrocento. Florenz 1906.
262. *Somerville, Boyle:* Astronomical Indications in the Megalithic Monument at Callanish (Journal Brit. Astronom. Association XXIII, S. 83—96).
263. *Sommer, O.:* Mathematisch-geographische und kosmophysikalische Ansichten von Keplers Freund Joh. Brengger. Diss. München 1914.

264 *Soustelle, J.:* La pensée cosmologique des anciens Mexicains (Actualités scientifiques et industrielles, fasc. 881). 1940.

265. *Spiegelberg, W.:* Eine neue Spur des Astrologen Petosiris (Sitz.-Ber. d. Heidelberger Akad. d. Wiss., Phil.-hist. Kl., 1922, Nr. 3).

266. *Spinden, Herbert J.:* Sun Worship (Annual Report of the ... Smithsonian Institution 1939, Washington 1940, S. 447—69).

267. *Stange, Alfred:* Das frühchristliche Kirchengebäude als Bild des Himmels. Köln 1950.

268. *Stegemann, Viktor:* Astrologie und Universalgeschichte. Leipzig 1930.

269. — Beiträge zur Geschichte der Astrologie I. Heidelberg 1935.

270. — Astrologische Zarathustra-Fragmente bei dem arabischen Astrologen Abū'l-Hasan 'Ali ibn abi'r-Rigāl (Orientalia VI, Fasc. 4). Rom 1937.

271. *Stephan, P.:* Vorgeschichtliche Himmelsuhren (Das Weltall 18, Berlin 1918, S. 129, 152).

272. *Stevens, Frank,* and *Sumner:* Stonehenge. London 1929.

273. *Sticker, B :* Wo bleibt die Kenntnis der Sternphasen bei den Germanen? (Vierteljahrsschrift d. Astronom. Gesellschaft 71, 1936, S. 250—52).

274. *Stirling, M. W.:* Concepts of the sun among american indians (Annual report of... Smithsonian Institution 1945, Washinton 1946, S. 378—400).

275. *Stone, E. H.:* Stonehenge. London 1924.

276. *Strauß, H. A.:* Der astrologische Gedanke in der deutschen Vergangenheit. München 1926.

277. *Struve, Otto:* Stellar evolution. Princeton 1950.

278. — Continous creation (Astronomical Societay of the Pacific Leaflet 270). 1951.

279. *Stübel, A.,* und *Uhle, M.:* Die Ruinenstätten von Tiahuanaco. Breslau 1892.

280. *Svenonius, Bj.:* On the orientation of the egyptian pyramids. Lund 1936.

281. *Tallmadge, G. Kasten:* On the influence of the stars on human birth (Bull. of the History of Medicine 13, 1943, S. 251—67).

282. *Teudt, W.:* Germanische Heiligtümer. Jena 1929.

283. *Thibaut, G.:* Astronomie, Astrologie und Mathematik (Grundriß der Indo-Arabischen Philologie und Altertumskunde III, Heft 9).

284. *Thiele, Georg:* Antike Himmelsbilder. Berlin 1898.

285. *Thompson, R. C.:* The reports of the magicians and astrologers of Niniveh and Babylon. London 1900.

286. *Thorndike, Lynn:* Science and thought in the Fifteenth Century. New York 1929.

287. — A history of magic and experimental science, Vol. I—VI. New York 1929—41.

288. *Thorndike, Lynn:* A hitherto unnoticed critiscism of astrology. Liber de reprobatione iudiciorum astrologiae (Isis 31, 1939, S. 68—78).
289. — The latin translations of the astrological tracts of Abraham Avenezra (Isis 35, 1944, S. 293—302).
290. — Dates in intellectual history (Journal of the History of Ideas, Suppl. 1). New York 1945.
291. — Peter de Limoges on the comet of 1299 (Isis 36, 1945).
292. — More light on Cecco d'Ascoli (The Romanic Review 1946, S. 293—306).
293. *Timm, Werner:* „Steintanz". Eine 3000 Jahre alte Sternwarte (Meklenburgische Monatshefte 4, 1928, S. 475, 552).
294. *Vanki.:* Historie de l'astrologie. Paris 1906.
295. *De la Ville de Mirmont:* L'Astrologie chez les Gallo-Romains. Paris 1904.
296. *Voigt, H.:* Die Geschichte Jesu und die Astrologie. Leipzig 1911.
297. *Voigt, J.:* Briefwechsel der berühmtesten Gelehrten des Zeitalters der Reformation mit Herzog Albrecht von Preußen. Königsberg 1841.
298. *Vossler, Karl:* Aus der romanischen Welt III. Leipzig 1942.
299. — Romanische Dichter. München 1946.
300. *Vreese, Jacques de, SJ:* Petron 39 und die Astrologie. Amsterdam 1927.
301. *Warburg, A.:* Eine astronomische Himmelsdarstellung in der alten Sakristei von S. Lorenzo in Florenz (Gesammelte Schriften S. 169, 366).
302. — Italienische Kunst und internationale Astrologie im Palazzo Schifanoja zu Ferrara (Gesammelte Schriften S. 459, 627).
303. — Über Planetengötterbilder im deutschen Kalender von 1519 (Gesammelte Schriften S. 483, 645).
304. — Heidnisch-antike Weissagung in Wort und Bild zu Luthers Zeiten (Gesammelte Schriften S. 487, 647).
305. — Orientalisierende Astrologie (Gesammelte Schriften, S. 559, 657).
306. *Weber, Har.:* Das chinesische Horoskop. Leipzig 1930.
307. *Wedel, Th. Otto:* The mediaeval attitude toward astrology, particulary in England (Yale Studies in English LX). New Haven 1920.
308. *Wegener, E.:* Alfred Wegeners letzte Grönlandfahrt. Leipzig 1932.
308a.*Wegner,Max:* Altertumskunde. Freiburg u. München 1951.
309. *Weinstein, M. B.:* Der Untergang der Welt und der Erde in Sage und Wissenschaft. Leipzig 1914.
310. *Weizäcker, C. Fr. v.:* Die Geschichte der Natur. Stuttgart 1949.
310a.*Werner, Helmut:* Siebengestirn und Kuckuck (Sternenwelt 1949, S. 80).

311. *Wickersheimer, Ernest:* Recueil des plus Celebres Astrologues et quelque hommes doctes faict par Symon de Phares. Paris 1929.

312. *Wiedemann, Eilh.:* Zur Beurteilung von Astrologie und Alchemie bei den Muslimen (Archiv f. Geschichte d. Naturwiss. u. Technik 3, 1911—12, S. 79).

313. — Zur Geschichte der Astrologie (Das Weltall 1922, S. 109—14, 121—26 und 1923, S. 1—7).

314. *Wilhelm, Richard:* Geschichte der chinesischen Kultur. München 1928.

315. *Wilke, Georg:* Sonnen- und Mondfinsternisse im Glauben und in der darstellenden Kunst der indogermanischen Vorzeit (Weltall 1919, S. 197—207).

316. *Wischnewski, Jos.:* Afrikaner und Himmelserscheinungen. Diss. Leipzig 1915.

317. *Wolf, Rud.:* Handbuch der Astronomie. München 1877.

318. — Handbuch der Astronomie, ihrer Geschichte und Literatur. Zürich 1890—92.

319. *Wolf, Werner:* Der Mond im deutschen Volksglauben. Bühl 1929.

319a. *Wooley, C. L.:* Ur und die Sintflut. Leipzig 1930.

320. *Zaunert, P.:* Friesische Stammeskunde: Friesische Sagen von Texel bis Sylt. Jena 1928.

321. *Ziegler, K.*, und *Oppenheim, S.:* Weltentstehung in Sage und Wissenschaft. Leipzig 1925.

322. *Zinner, E.:* Die Reizempfindungskurve (Zeitschr. für Sinnenphysiologie 61, 1930, S. 247—66).

323. — Geschichte der Sternkunde. Berlin 1931.

324. — Die frühgermanische Sternkunde (26. Bericht d. Naturforsch. Gesellschaft Bamberg, 1932, S. 3—26).

325. — Die Orientierungstheorie (26. Bericht, 1932, S. 26 bis 46).

326. — Die astrologische Treffsicherheit (Gesundheitslehre 35, 1932, S. 170—73).

327. — Der Mensch und die Sterne (Fortschritte d. Medizin 51, Berlin 1933).

328. — Die Helligkeitsänderungen der Sterne der Hauptreihe des Russell-Diagrammes (Astronom. Nachrichten 249, Kiel 1933, S. 69—92: Über die Eiszeiten auf S. 86—92).

329. — Johannes Kepler. Lübeck 1934.

329a. — Mittelalterliche Sonnengucker (Das Weltall 34, Berlin 1935, S. 76—78).

330. — Das Sonnenloch im Dom (Bamberger Blätter 13, 1936, S. 49—52).

331. — Leben und Wirken des Johannes Müller von Königsberg, genannt Regiomontanus. München 1938.

332. — Die Sterne des Hipparch (Veröffent. IV d. Remeis-Sternwarte zu Bamberg, 1939, S. 83).

333. — Der Sternenmantel Kaiser Heinrichs. Himmelskunde und Rechenkunst im alten Bamberg. Bamberg 1939.

334. *Zinner, E.:* Die Horoskope der Weltentstehung (Forschungen und Fortschritte 19, 1943, S. 99—101).

334 a. — Entstehung und Ausbreitung der coppernicanischen Lehre. Erlangen 1943.

335. — Die griechischen Himmelsbeschreibungen (31. Bericht d. Naturforsch. Gesellsch. Bamberg, 1948, S. 1 bis 23).

336. — Schicksalsscheiben, Tolederbriefe und Horoskope (31. Bericht der Naturforsch. Gesellschaft Bamberg, 1948, S. 24—40).

337. — Neue Angaben über das Verhalten der Tiere bei Sonnenfinsternissen (32. Bericht d. Naturforsch. Gesellsch. Bamberg, 1950, S. 49).

338. — Astronomie, Geschichte ihrer Probleme. Freiburg und München 1951.

339. — Die astronomischen Vorlagen des Sternenmantels Kaiser Heinrichs (33. Bericht d. Naturforsch. Gesellsch. Bamberg, 1952, S. 41).

340. *Zwack, George M.:* The Return of Halley's Comet and popular apprehensions. Manila 1910.

REGISTER

Charlotte Jäger und Richard Harder

Kleiner Führer durch die Graphologie

Mit Modellzeichnungen der Schriftmerkmale von
Ludwig Maria Beck, Gauting, und einem Geleitwort
von Robert Heiß
IV und 112 Seiten, Leinwand DM 5.50

Das Buch ist das Ergebnis jahrelanger theo-
retischer und praktischer Arbeit der beiden
Verfasser. Es versucht, den Wissensstand der
ernsten Graphologie in knapper Form zu-
sammenzufassen, und möchte damit ähnliches
leisten wie eine Grammatik für den Sprach-
unterricht.

VERLAG KARL ALBER · FREIBURG – MÜNCHEN